LE GUIDE ESSENTIEL DES CHAKRAS

LE GUIDE ESSENTIEL DES CHAKRAS

DÉCOUVREZ LE POUVOIR DES CHAKRAS SUR LE MENTAL, LE CORPS ET L'ESPRIT

SWAMI SARADANANDA

QUATRIÈME ÉDITION

Guy **Trédaniel** éditeur
19, rue Saint-Séverin
75005 Paris

DANS LA MÊME COLLECTION :

Huiles essentielles, Lesley Bremness
Plantes essentielles, Jennie Harding
Cristaux essentiels, Simon Lilly & Sue Lilly

Titre original :
The Essential Guide to Chakras

Traduit de l'anglais
par Antonia Leibovici

ISBN : 978-2-8132-0428-8

www.editions-tredaniel.com
info@guytredaniel.fr
www.facebook.com/editions.tredaniel

Note de l'éditeur : L'information de ce livre n'est pas censée se substituer aux conseils et aux traitements médicaux professionnels. Si vous êtes une femme enceinte ou souffrez d'une quelconque affection ou d'un problème de santé, consultez votre médecin avant de mettre en pratique les conseils ou les exercices de ce livre. L'éditeur réfute toute responsabilité pour une blessure ou un dommage subi en ayant utilisé les informations, les exercices ou les techniques thérapeutiques présentés par ce livre.

Sommaire

PREMIER CHAPITRE

Introduction à l'énergie des chakras

"Les chakras ou centres de force sont des points de connexion dans lesquels l'énergie circule depuis un corps (véhicule) d'un homme à un autre."

C.W. Leadbeater, *Les chakras*

Les chakras : vue d'ensemble

Les chakras sont des centres majeurs de pouvoir rayonnant dans les corps subtils. Sept en tout, ils représentent l'intersection énergétique entre matière physique et conscience. Chacun des chakras est une antenne qui reçoit et transmet constamment de l'énergie. La fluidité du fonctionnement des chakras détermine à quel point vous habitez votre corps, dans quelle mesure vous réussissez dans vos relations et à quel degré vous jouissez de paix intérieure.

Travailler avec vos chakras peut vous aider à restaurer la circulation de votre énergie et à l'intensifier. Les pratiques de ce livre sont conçues pour vous aider à maintenir l'équilibre de votre vie, quelles que soient les complications de l'existence quotidienne. Grâce à une pratique régulière, vous arriverez à puiser dans le vaste potentiel de l'énergie psycho-spirituelle, la kundalini assoupie dans vos chakras inférieurs.

Je vous conseille de commencer par la pratique des méditations introductives des pages 72 à 75. Ces exercices vous permettront de percevoir effectivement ces centres énergétiques que sont les chakras. Ils vous aideront à vous connecter à vos chakras, qui ne seront plus que des concepts philosophiques. Vous comprendrez mieux quelles sont vos faiblesses particulières. Qui plus est, vous deviendrez plus conscient des blocages, des distorsions de l'énergie et de tout problème présent sur lequel vous pouvez avoir envie de vous pencher.

Les trois chapitres introductifs (pages 8 à 75) précédant les sept traitant chacun des chakras (pages 76 à 231) amélioreront grandement votre compréhension de ces centres énergétiques. Chaque chapitre débute par quelques généralités et la présentation des bénéfices qu'offre le travail avec le chakra concerné. Une discussion des éléments symboliques et de l'iconographie du chakra est suivie par une méditation sur le yantra (diagramme stylisé) et un coup d'œil aux causes éventuelles de son déséquilibre et/ou de son blocage, ainsi que des idées pour le rééquilibrer. Des suggestions pour la pratique – méditations et postures de yoga – achèvent le chapitre.

L'avant-dernier chapitre (pages 232 à 253) analyse la manière dont les chakras travaillent l'un avec l'autre, mettant en évidence certaines des relations énergétiques susceptibles d'en profiter. Le dernier chapitre (pages 254 à 275) enseigne la protection lors du travail énergétique. Dans son ensemble, ce livre est une présentation sommaire des chakras.

Centres d'énergie subtile dans le corps astral, les sept chakras principaux influencent fortement votre corps physique, ainsi que chaque aspect de la conscience.

Le prana et les nadis

Les trois corps

Pour mieux comprendre le rôle des chakras, il est utile d'avoir une idée de la théorie du yoga, postulant un modèle à trois corps : physique, astral et causal. Chacun de ces corps a une nature plus subtile que le précédent. Le plus concret des trois est le corps que vous connaissez le mieux, celui que vous appelez familièrement "mon corps", le corps physique entretenu par la nourriture que vous consommez. C'est le corps avec lequel vous êtes né et que vous avez vu grandir et changer. À mesure que vous avancez en âge, il s'affaiblit et finira par mourir, après quoi il se décomposera et ses éléments retourneront à la nature cyclique.

Le second corps, votre corps astral, renferme l'ensemble de vos qualités et attributs de nature non-physique. Par exemple, bien que vous éprouviez l'amour dans la zone de votre cœur, vos émotions mêmes ne sont pas matérielles. Elles affectent fortement le corps physique, mais ont leur siège dans le corps astral – tout comme votre mental, votre intellect et votre prana (voir page 13).

Le troisième corps, que les yogis appellent corps "causal", renferme les graines subtiles qui produisent la vie. C'est l'entrepôt de votre karma et de toutes les impressions subtiles que vous avez eues – au cours de vos vies antérieures ainsi que de la vie en cours. Ce corps contient les germes qui déterminent vos talents et aptitudes, votre tempérament émotionnel, même votre apparence physique.

Votre véritable essence, qui est pure conscience, dépasse l'illusion de ces trois corps. Toutes les pratiques du yoga tentent de comprendre le vrai Moi et de s'identifier à lui.

Selon la philosophie yogique, la vie est bien davantage que les simples éléments matériels constituant le corps physique.

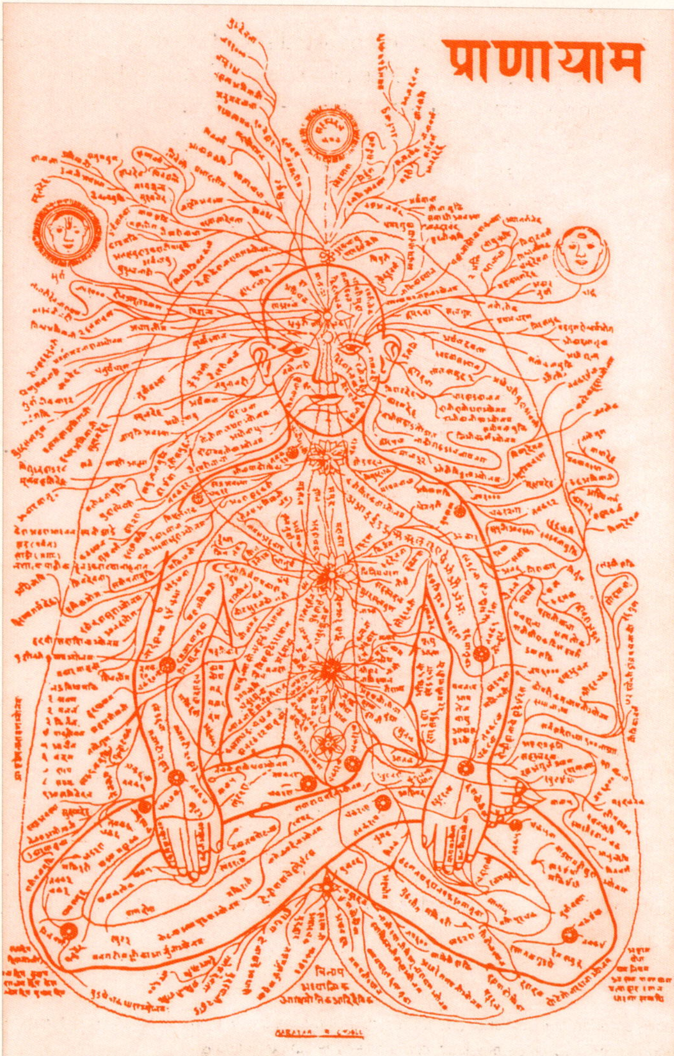
प्राणायाम

Le prana

La première strate de votre corps astral sert d'interface entre votre corps physique et votre essence plus subtile. Cette strate porte divers noms, parmi lesquels aura, double éthérique, champ bio-magnétique. Elle est proche du corps physique, mais a une nature énergétique au lieu d'être formée d'éléments matériels.

Le sens du terme "prana", d'habitude traduit par "force de vie" ou "énergie vitale", est quasi impossible à rendre précisément dans une langue occidentale, car jusqu'à très récemment ce concept n'existait pas en Occident. Le terme chinois "chi" ou le japonais "ki" sont, quant à eux, des traductions exactes.

Les personnes qui pratiquent l'acupuncture, la réflexologie, le shiatsu et la plupart des arts martiaux travaillent avec le prana. Celui-ci parcourt le corps physique, l'imprégnant comme l'eau imbibe une éponge. Le prana est tout à fait différent de l'"électricité" qui parcourt le système nerveux.

Les nadis

Le prana circule dans le corps physique à travers des canaux subtils, les "nadis". Un diagramme d'acupuncture est en fait une représentation des nadis. En sanskrit, le mot "nadi" se réfère littéralement au lit d'un fleuve ou au canal où passe l'eau. Le réseau subtil de votre enveloppe pranique est formé d'environ 72 000 nadis, que l'acupuncture appelle "méridiens".

Pour mieux comprendre les concepts de nadis et de prana, visualisez un réseau d'autoroutes (nadis) parcourues par le trafic (prana). Un embranchement où deux ou plusieurs routes se rencontrent est plus susceptible de se bloquer qu'une route droite, ininterrompue. Lorsque des routes se rencontrent, un embouteillage risque davantage de se former.

Représentation hindoue ancienne du réseau des nadis dans le corps astral. Les nadis pénètrent chaque aspect du corps physique, comme l'eau imbibe une éponge.

INTRODUCTION À L'ÉNERGIE DES CHAKRAS

Centres énergétiques du corps subtil

Tout emplacement où deux ou plusieurs nadis (méridiens) se croisent constitue un chakra, centre énergétique, jonction d'énergies vibrantes. Un grand nombre de petits chakras servent de points d'acupuncture. Les sept chakras principaux sont des centres énergétiques situés le long du nadi central, qui longe la colonne vertébrale. On peut le comparer à un standard téléphonique, auquel se raccordent de nombreuses lignes (nadis). Le système des chakras est quelque peu similaire à l'Internet, dont chaque élément se connecte directement à tous les autres.

Le terme "chakra", habituellement traduit par "roue", peut induire en erreur. Toutefois, une roue ne peut se mouvoir qu'en avant ou en arrière. Lorsque vous voulez faire aller une voiture vers la droite, vous devez tourner les roues dans cette direction-là. En fait, un chakra ressemble davantage à une boule multidimensionnelle d'énergie rayonnante, à un vortex ou à une bobine énergétique toroïdale – son mouvement (torsion) prend place selon un axe circulaire.

Tout chakra est un élément essentiel d'une matrice énergétique soutenant le corps physique, un conduit qui dirige le prana (énergie subtile) et lui donne forme matérielle. La santé physique, mentale et émotionnelle exige une circulation sans entrave de l'énergie à travers les chakras. En cas de dysfonctionnement entre les chakras, les organes et les systèmes associés sont déséquilibrés.

Chacun des sept chakras principaux représente une fréquence particulière de l'énergie. Parfaitement reliés et équilibrés, ils exercent un contrôle extrêmement créatif sur la matière physique. L'état mental affecte profondément la circulation de l'énergie dans les chakras est grandement. La présence de peurs et de fausses idées entrave, voire inverse, le flux d'énergie. Le travail avec les chakras rétablit ce flux, le véritable défi étant d'en identifier les blocages.

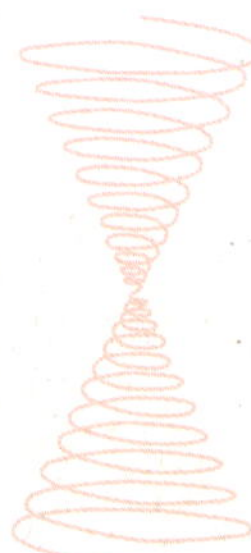

Représentation népalaise des chakras, incluant plusieurs chakras secondaires (VIIIe siècle).

Les bénéfices du travail avec les chakras

Les traumatismes et les épreuves de la vie quotidienne tirent souvent dans des directions opposées. Pensez à une situation ordinaire, par exemple un conflit avec votre patron : vous voulez lui dire ses quatre vérités, mais craignez de parler. De telles situations risquent de bloquer votre énergie et la faire stagner.

Le travail avec vos chakras vous aidera à affranchir les divers aspects de votre être de manière novatrice. Il facilitera de nouveaux aperçus, favorisera des modèles comportementaux plus sains et induira un meilleur mode de vie. Vous pourrez utiliser les chakras pour vous connecter davantage avec les autres et faire l'expérience de la paix intérieure. Chaque chakra est une porte qui peut être soit ouverte sur un plus grand savoir énergétique, psychique et spirituel, soit rester close, vous cantonnant dans vos limitations actuelles.

Lorsque votre énergie circule sans à-coups à travers chaque chakra, ainsi qu'entre eux, vous tendez à vous occuper mieux de vous-même, vous avez confiance en vous et vous pouvez communiquer de manière saine vos pensées, espoirs et rêves. Vous êtes plus détendu et en même temps plus focalisé. Votre immunité naturelle est meilleure et vous gérez mieux le stress. Votre intuition est plus vive et vous avez une idée plus claire de votre but dans la vie.

Le travail avec les chakras utilise plusieurs techniques, simples mais puissantes, qui vous aideront à développer le calme intérieur et maintenir l'équilibre de votre vie. Étayées par une auto-analyse régulière et des activités bénéfiques à l'organisme, comme une alimentation saine et des exercices de yoga, ces pratiques sont très utiles. Le travail avec les chakras peut devenir un voyage de découverte de soi – le meilleur moment pour vous embarquer dans ce pèlerinage intérieur est maintenant !

Quand travailler avec l'énergie des chakras

Si vous vous sentez déconnecté du monde qui vous entoure, travaillez avec vos chakras inférieurs dont l'effet est ancrant. Si votre vie semble quelque peu morne et si vous aimeriez trouver plus d'inspiration, travaillez plutôt avec des chakras supérieurs, qui sont efficaces aussi quand vous pensez procéder à de grands changements vous accordant davantage à vos objectifs spirituels. Par ailleurs, vous pouvez travailler avec l'énergie des chakras à chaque fois que vous visez de nouvelles perspectives intérieures lors du voyage de la vie.

La pratique régulière de la méditation vous aidera à vous accorder au travail de vos chakras.

Sources de la sagesse des chakras

Le travail avec les chakras vise de la paix intérieure atteinte suite à l'utilisation de diverses techniques permettant d'aboutir à un état de félicité et de calme. Selon la philosophie yogique, Maya (l'illusion cosmique) a fait venir à l'existence l'univers. La création va progressivement du plus subtil au plus dense. D'abord, il n'y avait que la pure Conscience, d'où a émergé le Mental suprême. L'Espace primordial (éther) est venu à l'existence et des tourbillons gazeux (air) s'y sont formés. Avant que la planète se solidifie, elle était du magma en fusion. Avant cela, elle était du "feu", comme le soleil.

Votre corps physique est composé des mêmes cinq éléments que tout ce qui existe dans l'univers. Au moment de la mort, le corps se refroidira, car l'élément feu s'en ira. Le corps inanimé

Le travail avec les chakras peut ancrer ou libérer.

<table>
<tr><th colspan="2">TRAVAIL AVEC LES CHAKRAS – ANCRAGE</th><th>LES CHAKRAS</th><th>LES ÉLÉMENTS DE LA CRÉATION</th><th colspan="2">TRAVAIL AVEC LES CHAKRAS – LIBÉRATION</th></tr>
<tr><td rowspan="7">Travail dans le monde

Dé-couvrez votre karma</td><td rowspan="7">La matière devient plus concrète (création)
↓</td><td>Sahasrara</td><td>Conscience cosmique</td><td rowspan="7">↑
Matière absorbée dans un état plus subtil (libération)</td><td rowspan="7">Méditation</td></tr>
<tr><td>Ajna</td><td>Mental – le sentiment du moi</td></tr>
<tr><td>Vishuddha</td><td>Éther – espace</td></tr>
<tr><td>Anahata</td><td>Air – matière à l'état gazeux</td></tr>
<tr><td>Manipura</td><td>Feu – énergie physique, chaleur, lumière</td></tr>
<tr><td>Swadhisthana</td><td>Eau – matière à l'état liquide</td></tr>
<tr><td>Muladhara</td><td>Terre – matière à l'état solide</td></tr>
</table>

enflera quand les gaz le quitteront et s'asséchera quand l'eau disparaîtra ; son élément terre retournera à la terre à mesure de la décomposition de la dépouille. Finalement, en se désintégrant complètement, le corps cessera d'occuper un espace.

L'énergie de tout élément matériel est représentée par l'un des chakras. Lors de la méditation, chaque élément est visualisé en train de fusionner avec sa source, du plus rudimentaire au plus subtil. L'élément terre du chakra racine (muladhara) fusionne avec sa source – l'eau. L'élément eau du chakra sacré (swadhisthana) fusionne avec sa source – le feu. L'élément feu du chakra du plexus solaire (manipura) est absorbé dans l'air. L'élément air du chakra du cœur (anahata) est absorbé dans l'éther du chakra de la gorge (vishuddha). L'éther est absorbé dans le mental au chakra du troisième œil (ajna). Le mental fusionne avec la conscience absolue du chakra couronne (sahasrara).

Travailler avec les chakras

Ici, le macrocosme de l'univers est ici le modèle du microcosme de l'être. Le travail avec les chakras vise à intégrer chaque aspect du corps, du mental et de l'esprit en apportant les bases nécessaires à l'existence dans le monde.

Par moments, on sent le besoin d'une plus grande stabilité. Le travail avec les chakras inférieurs offre une fondation ferme pour la vie et la pratique. Entamez-le, puis revenez-y lorsque vous avez besoin d'ancrage, par exemple après le retour d'un voyage ou un événement stressant, comme un divorce ou un licenciement. En travaillant là, vous augmentez votre stabilité dans la vie, stabilité qui suit le chemin de la création.

D'autres fois, votre vie semble un peu bloquée. C'est le moment de travailler avec les chakras supérieurs, de préférence à partir de la fondation solide que vous avez créée, ce qui vous offrira un plus grand sentiment de liberté.

Différentes approches des chakras

Le concept des sept chakras fait partie intégrante de la pratique du hatha yoga. Bien que les enseignements taoïstes comportent des concepts similaires – *prana* (*chi* ou *ki*) et *nadis* (méridiens) –, très peu concernent les centres énergétiques majeurs ; ces enseignements se penchent surtout sur les principes énergétiques se rapportant à la santé, alors que les enseignements yogiques se concentrent également sur l'utilisation du corps énergétique en vue de l'illumination spirituelle.

Les centres énergétiques sont mentionnés par les religions Bonpo tibétaine et maya, ainsi que par les traditions des Incas, des Cherokees, des Égyptiens et de plusieurs peuplades africaines. Nombre d'auteurs modernes ont assimilé cette sagesse ancienne du yoga aux sacrements chrétiens et à l'Arbre de vie de la Kabbale.

Ce livre étudie principalement le modèle yogique des chakras, pour qui ils n'existent pas dans le sens physique du terme ; leur nature est purement énergétique et ils sont étroitement liés à divers points du corps physique, auxquels ils sont ancrés. Les chakras filtrent tous les événements de la vie quotidienne, ainsi que les rêves, les peurs, les espoirs, les désirs, les regrets, les pensées. Ils sont l'équipement ultime permettant d'emmagasiner, de trier et de récupérer l'immense volume de données que reçoivent constamment le mental et le corps.

Dans la mythologie gréco-romaine, Hermès/Mercure, le messager des dieux, portait un caducée, bâton parfois surmonté d'ailes autour duquel se lovaient deux serpents, symboles traditionnels de renaissance. Pour le yoga, le caducée est une représentation des trois nadis principaux, ida, pingala et sushumna (les deux premiers se croisant sur ce dernier, le long duquel se trouvent les chakras) avant de se joindre au niveau du chakra du troisième œil.

La théorie des chakras est un aspect essentiel du hatha yoga.

Les chakras arrivent en Occident

Le concept des chakras et les enseignements orientaux associés ont mis des siècles pour arriver en Occident et s'implanter dans la soi-disant philosophie New Âge. Le livre le plus ancien connu traitant des chakras est le *Sat-Cakra-Nirupana*, censé avoir été rédigé il y a plus de 500 ans en sanskrit par le yogi Purnananda. Ce livre très respecté a fait l'objet de nombreux commentaires.

Arthur Avalon, pseudonyme de sir John Woodroffe, a été l'un des premiers à introduire le concept de chakras en Occident en traduisant en anglais le *Sat-Cakra-Nirupana* et le *Padaka-Pancakam*. Ces textes, accompagnés de son commentaire, ont formé la base de son célèbre livre extrêmement détaillé et complexe *La Puissance du serpent*, publié en anglais 1919. Des membres de la Société théosophique ont développé ses idées dans ce qui est devenu la principale vision occidentale des chakras, introduisant leur terminologie spécifique dans le langage moderne.

Pour Rudolf Steiner, fondateur de l'anthroposophie, le système des chakras évoluait constamment – pour l'homme moderne, très différent de ce qu'il avait été et radicalement différent de ce qu'il sera. *Comment parvient-on à des connaissances des mondes supérieurs?* (1904) donne des instructions pour le travail avec les chakras, davantage discipline de vie qu'exercices.

Sans son livre de 1927, *Les chakras*, C.W. Leadbeater, membre de la Société théosophique, propose

Rudolf Steiner a écrit plus de 300 livres traitant des sujets ésotériques, dont les chakras.

Carl Jung, fondateur de la psychologie analytique, encourageait l'étude scientifique des chakras.

une analyse des chakras qui est, pour sa majeure partie, le résultat de ses méditations et aperçus clairvoyants. Leadbeater est l'un des premiers auteurs à attribuer des couleurs spécifiques aux chakras. Cette idée, absente de toutes les traditions anciennes, a intéressé beaucoup d'écrivains et de praticiens New Âge.

En 1932, le psychanalyste Carl Jung a parlé de kundalini yoga lors d'une série de conférences devant le Club psychologique de Zürich. Ce séminaire est largement tenu pour le principal jalon de la compréhension psychologique des chakras et de la pensée orientale en général. Jung voyait le système des chakras comme un modèle pour le développement de la conscience supérieure et interprétait ses symboles en termes du processus de croissance de l'individu.

Gopi Krishna, yogi, écrivain indien, a lui aussi popularisé la kundalini en Occident. Comme il le dit dans son livre *Kundalini – Les Secrets du Yoga*, ses écrits tentent de mettre en accord les concepts anciens avec "les énormes avancées de la psychologie, de la physiologie et d'autres domaines se rapportant à ce sujet".

Les écrivains continuent à se pencher sur l'importance des chakras dans la vie moderne. Dans son livre de 1988, *Chakras : centres d'énergie*, Harish Johari, praticien tantrique indien, réintroduit les principes classiques des chakras, ainsi que leurs applications pratiques dans la vie moderne. Dans son étonnant livre de 1996, *Anatomy of Spirit*, Caroline Myss compare le système des chakras à l'Arbre de vie de la Kabbale, ainsi qu'aux sept sacrements chrétiens. Dans le *Wheels of Life* (1987) et ses autres livres, Anodea Judith assume une approche pratique et psychologique.

Kundalini

Le terme "kundalini" vient du sanskrit "kundala", "lové". Cette énergie inexploitée est symbolisée par un serpent qui, dans la tradition hindoue, représente la sagesse et la vie éternelle. Dans son état assoupi, Kundalini est lovée trois fois et demie autour d'un lingam de Shiva (désignant l'absence de forme) au muladhara chakra.

Kundalini est le potentiel spirituel infini latent. Quand ce pouvoir latent devient actif, les pensées et la conscience deviennent inspirées et puissantes. En termes symboliques, on "éveille la déesse assoupie". Lorsque l'énorme énergie passive de kundalini est libérée, c'est comme si on ouvrait les vannes d'un barrage. Une fois éveillée, la kundalini se manifeste en tant qu'énergie de haute tension, suscitant chez l'individu un état de conscience modifiée et des capacités accrues.

Éveiller la kundalini

Pour que l'énergie kundalini puisse circuler sans surcharger l'organisme, tous les nadis (méridiens), spécialement sushumna, doivent être purifiés et fortifiés. La plupart des textes yogiques mettent en garde contre une montée trop prématurée de kundalini. Quand l'organisme est prêt, un éveil naturel prend place.

Parmi les pratiques étayant l'éveil de la kundalini on trouve les purifications physique et mentale, comme l'alimentation saine, le jeûne et les kriyas (exercices yoga de purification, voir page 36). On conseille aussi la concentration sur les chakras, le karma yoga (service altruiste) et le désir ardent d'établir une connexion directe avec les énergies divines. Parmi les exercices de respiration favorisent la circulation de kundalini, on trouve la pratique du pranayama, la respiration de

Cette statue d'un lingam de Shiva protégé par un serpent à sept têtes représente le potentiel mystique de l'énergie kundalini.

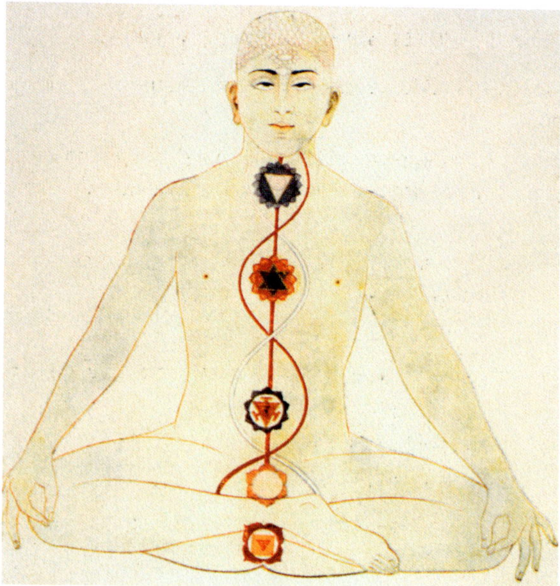

Cette représentation des chakras montre aussi les principaux nadis, ida, pingala et sushumna (nadi central).

renaissance et la respiration holodynamique. L'utilisation des mudras (sceaux énergétiques) et des bandhas (verrous énergétiques) est décrite aux pages 30 et 31. La psalmodie des mantras ouvre les canaux, préparant la voie à l'énergie kundalini accrue ou éliminant les blocages des chakras.

Plus votre organisme et fort et purifié, moins vous risquez des expériences négatives ou douloureuses durant l'éveil de la kundalini (voir encadré ci-contre). Lorsque les corps physique et astral sont fortifiés et purifiés et quand l'énergie circulant dans chaque chakra est équilibrée, la kundalini éveillée apporte une grande joie et la conscience des états supérieurs d'existence. Si la préparation a été effectuée correctement, ce courant d'énergie montant doucement active, purifie et enrichit tous les plans de conscience.

SENSATIONS SUSCITÉES PAR L'ÉVEIL DE LA KUNDALINI

- Courants chauds et/ou glaciaux montant et descendant la colonne vertébrale
- L'impression qu'un serpent s'entortille autour de la colonne vertébrale ou des picotements dans la colonne vertébrale, l'abdomen, le cou et la tête
- Douleurs se déplaçant autour du corps, sans être cependant plus accentuées dans les articulations ou les muscles
- Raideur du cou, parfois accompagnée de maux de tête
- Vibrations inhabituelles et sensations de frémissement dans les bras, les mains, les jambes et les pieds
- Rythme accru du pouls et de la respiration
- Hypersensibilité au bruit, à la lumière et aux odeurs
- Développement de facultés psychiques/paranormales, les "siddhis" sanskrits
- Visions de devas, anges, saints, sages et musiciens célestes
- Sensations de tourner ou de flotter dans les airs. Si ces sensations sont effrayantes, pratiquez des visualisations d'ancrage, vous imaginant fermement ancré dans le sol ou y enfonçant des racines.
- "Entendre" des sons mystiques, tintement des carillons éoliens, sonnerie des cloches, mugissement des conques, musique du luth, des cymbales ou de la flûte (surtout à l'aube), battement du tambour, grondement lointain du tonnerre
- Insomnie – ou énergie inhabituelle
- Désir de solitude
- Joie et félicité intenses. Si la kundalini a monté prématurément, ces sentiments alternent avec des périodes de profonde dépression.
- Éclairs d'inspiration et idées novatrices

Les granthis

Pour percevoir votre corps, utilisons l'analogie d'un bâtiment conçu pour gérer un certain volume d'énergie. Si vous mettez en marche trop d'appareils en même temps, le disjoncteur coupera la courant pour éviter le risque d'incendie. Dans l'anatomie du corps astral, le disjoncteur est un "granthi", terme souvent traduit par "nœud".

Trois "nœuds" énergétiques protègent de la libération prématurée ou excessive de l'énergie kundalini. Lorsque les nadis (méridiens) ont été suffisamment purifiés et fortifiés afin de gérer l'afflux accru d'énergie, chaque granthi s'ouvrira, permettant sa montée. Les granthis ne sont pas des blocages, mais des mécanismes protecteurs ralentissant la circulation excessive du prana le long du nadi central. Ils empêchent l'énergie kundalini de parcourir en un éclair le corps avant que l'organisme soit prêt et capable de la gérer.

Défaire les nœuds

Ces trois nœuds psychiques sont le brahma granthi, le vishnu granthi et le rudra granthi. Le brahma granthi, au muladhara chakra, représente l'attachement à la stabilité, l'inertie et l'identification incorrecte au corps physique. Pour que ce nœud s'ouvre, on doit abandonner l'idée que le bonheur durable peut être trouvé grâce à une expérience physique ou psychologique.

Le vishnu granthi, à l'anahata chakra, représente l'attachement à l'action, l'ambition et la passion. Pour l'ouvrir, on doit pratiquer le pardon. Il est particulièrement important d'être capable de se pardonner à soi-même.

Le rudra granthi, à l'ajna chakra, est connecté à l'attachement aux capacités intellectuelles et à l'image de soi-même. Pour ouvrir ce nœud, on doit dépasser les ordres de l'ego.

Les granthis (nœuds) empêchant la libération de l'énergie kundalini sont situés aux chakras ajna, anahata et muladhara.

Les mudras et les bandhas

Les sept chakras principaux peuvent être comparés à des antennes puissantes recevant et transmettant constamment l'énergie. Pour travailler plus efficacement avec eux, beaucoup de techniques yoga se servent de bandhas, qui "verrouillent" l'énergie subtile dans des canaux spécifiques, et de mudras qui aident à la "sceller".

Bien que le terme "bandha" soit traduit d'habitude par *verrou*, il signifie aussi *lier, contrôler, tenir, joindre* et *contracter*. Lors des exercices de respiration, "bandha" se réfère généralement aux contractions musculaires qui favorisent la focalisation de l'énergie.

Les mudras sont des positions de la main, de la tête et du corps qui scellent les énergies psychiques dans des canaux spécifiques. Ils aident à établir un lien direct entre les corps physique et astral. Les mudras sont pareilles à des commutateurs laissant passer des courants particuliers d'énergie, redirigeant le prana et éveillant la kundalini.

Les mudras et les bandhas visent la purification des corps mental et physique. Ils sont excellents pour les personnes désirant atteindre la paix intérieure, mais ont du mal à contrôler leurs sens.

Jalandhara bandha

Le bandha le plus utilisé est jalandhara (verrou de la gorge), qui travaille avec l'une des plus importantes zones d'accupression. En sanskrit, "jala" signifie *réseau.* Il se réfère à la colonne vertébrale et au réseau de nerfs passant par le cou vers le cerveau. "Dhara" indique la traction montante.

Le jalandhara bandha exerce une traction vers le haut sur la moelle épinière et les centres nerveux, qui agissent à leur tour sur le cerveau. En appliquant le jalandhara bandha, on contrôle plus consciemment les poumons et le système cardiovasculaire, en plus de rendre le rythme cardiaque fort et régulier.

Jalandhara bandha, verrou de la gorge, aide à focaliser le mental et à éveiller l'énergie kundalini assoupie.

Lors de cet exercice, le bout de la langue est placé à plat contre le palais. Avalez de sorte que la langue glisse en arrière autant que possible. En gardant le dos droit, rentrez le menton, le faisant reposer sur la jonction des clavicules.

Le jalandhara bandha éveille et localise les énergies subtiles des corps physique et astral. La meilleure posture préliminaire du jalandhara bandha est la Chandelle (voir page 184). Une fois maîtrisée, consultez un bon instructeur de yoga pour apprendre l'utilisation du jalandhara bandha afin d'améliorer vos autres pratiques yoga.

ॐ

CHAPITRE DEUX

Surmonter les blocages du travail avec les chakras

"On doit pratiquer le pranayama
avec un mental pur jusqu'à ce que le nadi central
soit libre de toute impureté."

Hatha Yoga Pradipika, 2.6

Blocages physiques

Si vous avez du mal à équilibrer l'énergie de vos chakras, peut-être n'avez-vous pas relâché les blocages profonds – points où le mouvement de l'énergie subtile rencontre une résistance – de vos nadis (méridiens). Ce chapitre explore les nombreuses raisons de l'apparition de ces obstacles, parmi lesquelles états physiques, modèles énergétiques perturbés, convictions erronées, déséquilibres émotionnels et/ou spirituels, fausses idées.

Souvent, les problèmes physiques – blessure (par exemple, fracture de la jambe), affection (coup de froid, mal de gorge ou mal de tête), maladie (diabète) ou addiction – entravent l'utilisation optimale du prana. La fatigue peut entraver les capacités physiques et mentales ; l'épuisement déforme d'habitude la manière de considérer les choses et inhibe le fonctionnement efficace.

Si vous bloquez une rivière en y jetant des pierres, son débit d'eau diminue. Pareillement, si votre corps est rempli de toxines, le courant de prana est amoindri. Les blocages physiques affectent vos sentiments, vous mettant de mauvaise humeur ou vous rendant impatient et ils risquent aussi de gêner votre vie spirituelle, car vous êtes obligé de consacrer plus de temps et d'attention à votre état physique.

C'est probablement une bonne idée de mettre l'élimination des blocages physiques en tête de liste de vos priorités. Ce peut être aussi simple que vous reposer suffisamment et manger correctement ou suivre un quelconque traitement. L'élimination des blocages physiques impose parfois de modifier vos convictions pour accepter une thérapie refusée par le passé, ainsi qu'accepter une direction supérieure et de suivre ses conseils.

Pour comprendre les éventuels obstacles rencontrés par l'énergie qui circule dans vos chakras, le concept de "résistance électrique" peut s'avérer une analogie utile. Les fils en cuivre pur sont d'excellents conducteurs d'électricité. Toutefois, si le cuivre est moins pur, le courant qui y passe est plus faible. Pareillement, plus il y a d'impuretés dans votre corps physique, plus il montrera de la résistance.

Les impuretés et les blocages physiques à la circulation du prana sont éliminés par la pratique des asanas, des kriyas, du pranayama, le régime alimentaire sain et le jeûne, méthodes décrites à la page suivante.

Dans une rivière débarrassée de déchets et d'obstacles, le courant d'eau est fort. C'est pareil si vos nadis sont exempts de toxines.

Asanas

En plus d'accroître votre flexibilité, les postures de yoga massent les organes internes et tonifient le système endocrinien. Les asanas diffèrent de la plupart d'autres formes d'exercice physique par leur douceur, qui évite la production de quantités notables d'acide lactique dans les muscles. Elles libèrent l'énergie bloquée, si bien qu'après la pratique vous vous sentez en général plus dynamique ; vous n'êtes pas fatigué comme après d'autres formes d'exercice.

Kriyas

Ces exercices yogiques de purification éliminent les déchets de votre corps physique et de vos nadis. Ils accélèrent grandement le processus de détox. En plus de prendre un bain et de vous brosser les dents, vous pouvez aussi pratiquer le neti (voir encadré, ci-contre).

Pranayama

La respiration est tenue pour la manifestation extérieure du prana ; les exercices de respiration yogique (pranayama) commencent en vous laissant contrôler le mouvement de vos poumons. Ils vous aident à relâcher les toxines et à purifier votre corps physique.

Alimentation saine et pure

Si votre nourriture est malsaine ou polluée, la circulation du prana devient léthargique. Si votre alimentation est plus stimulante, votre énergie devient erratique et désordonnée. Mieux vaut avoir une alimentation aussi simple, légère et nourrissante que possible, qui favorise la santé du corps, le calme du mental et la circulation libre du prana dans les nadis.

Jeûne

Le jeûne permet au système digestif de se reposer pendant que le corps se débarrasse de toxines et fait circuler davantage le prana. Même un seul jour de jeûne allège le corps. L'énergie consacrée d'habitude à la digestion sert dans ce cas à réparer et à guérir le corps physique.

NETI

Excellente méthode pour éliminer des passages nasaux et ses cavités sinusales la pollution, la poussière, le pollen et l'excès de mucus. Utile pour tous, particulièrement en cas d'asthme, d'allergies et d'autres problèmes respiratoires. Vous pouvez pratiquer le neti tous les jours – de préférence le matin, juste après vous être brossé les dents.

Il vous faut :

- Un petit pot neti à bec, disponible dans les magasins d'articles sanitaires ou en pharmacie.
- Une tasse d'eau tiède
- ½ cuillère à café de sel marin fin.

Avant de pratiquer le neti, remplissez le pot d'eau tiède. Mélangez dedans le sel jusqu'à sa dissolution.

① En vous penchant au-dessus du lavabo, inspirez, puis retenez votre souffle. Contractez le fond de la gorge, comme si vous vouliez vous gargariser. Penchez la tête à gauche et versez l'eau salée dans votre narine droite, puis laissez la gravité la faire sortir par votre narine gauche.
N'inspirez pas l'eau.

② Mouchez-vous et répétez la procédure en inclinant la tête à droite et en versant l'eau dans votre narine gauche.

Les blocages énergétiques

L'interface énergétique séparant les corps physique et subtil – appelée enveloppe pranique, aura, double éthérique, champ bio-magnétique, corps énergétique – abrite le prana, les nadis et les chakras.

Si un nadi (canal énergétique) est bloqué, la circulation du prana vers cette région particulière de votre corps sera réduite ou même coupée. Si elle n'est pas nourrie par l'énergie vitale, cette partie sera affaiblie, peut-être souffrante – ou atrophiée. Pour que votre corps soit parfaitement sain, la circulation du prana ne doit être entravée par quoi que ce soit – la manière la plus facile d'y parvenir est de commencer à travailler avec votre respiration.

Pour débloquer vos nadis, il est aussi conseillé d'adopter un mode de vie simple, sain, et une réflexion éthique. Si vous êtes l'esclave de votre palais ou si vous dormez trop, vous constaterez que votre énergie est tirée dans des directions opposées. Si vous vous affamez ou essayez de dépasser vos limites sans vous reposer assez, vous aurez du mal à trouver la paix intérieure.

Les asanas, le mouna et le pranayama aident à l'élimination des impuretés et des blocages énergétiques du courant de prana.

Asanas

Les postures de yoga agissent tant sur un plan énergétique que sur un plan physique. Chaque position place la pression sur un point différent, comme si vous vous administriez vous-même un traitement shiatsu. La pratique des asanas vous aide à relâcher les blocages énergétiques des nadis, ce qui permet au prana de circuler sans à-coups et d'arriver dans le canal central.

Pour maintenir la circulation de votre énergie, il est conseillé de pratiquer régulièrement des asanas. L'exercice actif, comme la marche, la natation, la danse ou la course à pied, aide aussi à garder le prana en mouvement et à détruire les blocages énergétiques des nadis.

Mouna

Pratique yoga impliquant le silence délibéré. Pour commencer, vous gardez le silence – silence physique – pendant une durée de temps donnée avant d'arriver à un état de quiétude mentale totale. Beaucoup d'instructeurs de yoga conseillent de pratiquer le mouna une heure par jour. N'allumez pas la télé, n'écoutez pas de la musique. Utilisez ce temps pour observer ce qui se passe dans votre mental.

Pranayama

Apprendre à contrôler le souffle grâce aux exercices de respiration yogiques (pranayama) permet d'arriver à un contrôle conscient de l'énergie circulant dans le corps subtil. Ce contrôle connecte aux émotions refoulées, aide à se libérer des convictions limitatives, améliore l'image de soi et la confiance en soi, et favorise l'élimination des blocages énergétiques. La respiration alternée par les narines (voir page 40) est la forme de pranayama la plus connue et la plus bénéfique.

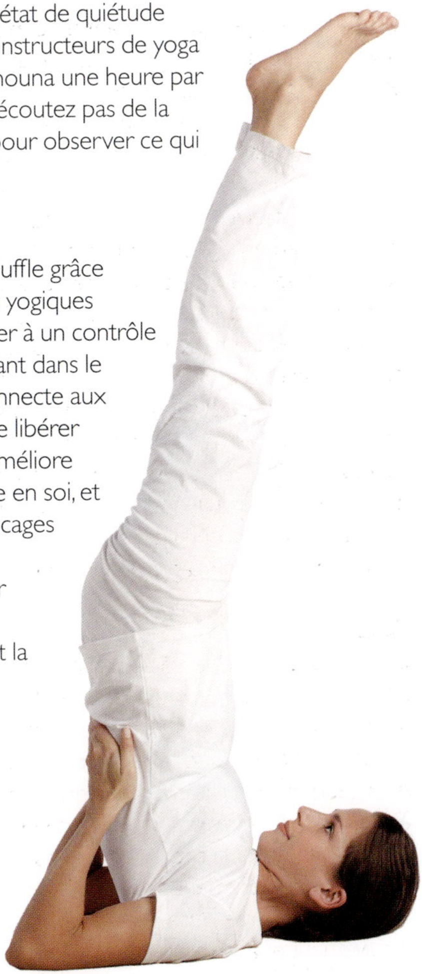

La Chandelle est une asana utile pour éliminer les blocages dans la région du haut du dos, du cou et des épaules – ainsi que pour intensifier le prana au chakra de la gorge.

La respiration alternée par les narines

Pour relâcher les blocages énergétiques, la pratique de la respiration alternée par les narines s'avère très utile. Cet exercice égalise le cycle respiratoire. Grâce à une pratique régulière, vous constaterez que vos énergies deviennent bien plus ancrées. Asseyez-vous dans une position confortable, dos bien droit. Levez la main droite, index et médius repliés sur la paume. Le pouce droit ferme votre narine droite, l'annulaire et l'auriculaire, votre narine gauche. Ne changez jamais de main, même si vous êtes gaucher.

1. Commencez par fermer votre narine droite avec le pouce droit et inspirez par la narine gauche en comptant jusqu'à 4.

2. Pincez doucement vos deux narines; retenez votre respiration en comptant jusqu'à 16 (quatre fois plus que l'inspiration).

3. Levez le pouce de votre narine droite et expirez par la droite en comptant jusqu'à 8 (deux fois plus que l'inspiration), en maintenant la narine gauche fermée avec l'annulaire et l'auriculaire.

4. La narine gauche toujours fermée, inspirez par la droite en comptant jusqu'à 4.

5. Pincez les deux narines et retenez votre respiration en comptant jusqu'à 16.

6. Relâchez la narine gauche et expirez par la gauche en comptant jusqu'à 8, en gardant la narine droite fermée avec le pouce. Cela achève un cycle complet de respiration alternée par les narines. Essayez d'effectuer au minimum 10 cycles par jour.

Avertissement: N'effectuez pas cet exercice en cas de grossesse; pratiquez sans retenir votre souffle.

La respiration alternée par les narines

1

2

3

Les blocages mentaux et émotionnels

Les blocages mentaux sont en général des modèles négatifs de pensée qui vous empêchent d'atteindre votre potentiel plénier. Souvent, ils incluent des notions genre mort précoce (la sienne ou celle de ses proches), maladie incurable, inaptitude à être heureux. Souvent, les blocages mentaux émergent des émotions et des sentiments peu ou pas exprimés supposant un endoctrinement à un jeune âge et/ou la prise de drogues.

Il est difficile de laisser aller les blocages mentaux et émotionnels sans contrôler la respiration, car les deux sont étroitement connectés. Quand on réfléchit ou on médite intensément, la respiration ralentit. Inversement, quand le mental est affecté par des émotions négatives, la respiration devient irrégulière et haletante. Ces observations montrent l'interdépendance et l'interaction du prana et du mental. De tels blocages impliquent souvent les cinq sens et le mental ordinaire, ainsi que le subconscient.

Colère

Ce sentiment émerge des blocages au niveau du manipura chakra, ou les génère, et endommage gravement les corps physique et astral. L'ensemble du système nerveux peut être bouleversé par une crise de colère. Mieux vaut surveiller le mental pour des signes d'irritabilité. En développant la patience, on arrive à dépasser la colère.

Récurrente, la colère s'accroît ; en la surveillant, vous consolidez votre volonté. La pratique de la méditation aide à éliminer les causes de la colère et change peu à peu vos valeurs et vos perspectives.

Faire une promenade au grand air et respirer à fond aident à éliminer les blocages mentaux et émotionnels.

Dépression

Cette affection bloque l'énergie au niveau d'un ou de tous les chakras. Le blocage peut être le résultat des tendances déjà existantes, des relations négatives, voire d'une journée couverte. La dépression entrave le mouvement du prana et rend léthargique. Si vous vous sentez "au plus bas", pratiquez quelques postures de yoga et/ou exercices de respiration, faites une promenade rapide, chantez. Toutefois, si votre dépression semble chronique, mieux vaut consulter votre médecin.

Peur

Cette émotion se manifeste sous bien de formes et donne l'impression que l'énergie est globalement figée. D'habitude, elle implique les blocages au niveau du muladhara et/ou du swadhisthana chakras. On ressent la peur de la mort, de la maladie, de la solitude, de la critique. Tous les types de peur sont des obstacles à la liberté. On peut surmonter les blocages causés par la peur en se consacrant à une cause plus noble et à la culture du courage (qui est le contraire de la peur).

Idées préconçues

Celles-ci tendent à verrouiller l'énergie dans des actions répétitives et des modèles habituels de comportement, créent des blocages au niveau d'un ou de tous les chakras. Ayant moins d'idées préconçues, les enfants apprennent bien plus vite que les adultes.

Devenez un "témoin silencieux" de vos actions. Observez-vous, même quand vous êtes engagé dans des actions habituelles comme vous brosser les dents. Les effectuer consciemment aide à écarter les blocages causés par les idées préconçues.

La musique, spécialement en tant que composante des pratiques pieuses, affecte les chakras.

Parmi les méthodes éliminant les blocages mentaux et émotionnels du courant de prana on trouve le pranayama, le jeûne, la musique et les pratiques pieuses.

Pranayama

Cet exercice de respiration yogique aide à contrôler consciemment le mouvement d'énergie à travers les corps subtils (voir page 39).

Jeûne

De nombreuses émotions font surface. Le jeûne aide à relâcher les blocages que celles-ci causent. Il est préférable de jeûner quand vous ne devez pas travailler, afin d'avoir le temps d'observer les émotions et les pensées émergeant du subconscient, sans cependant se laisser affecter par elles.

Musique et pratiques pieuses

Le chant des mélodies inspirantes, la musique spirituelle et les pratiques pieuses sont des moyens de se libérer de ses émotions et de relâcher les blocages. Leur effet est meilleur s'ils sont pratiqués en toute conscience.

COMMENT LES PENSÉES AFFECTENT LA CIRCULATION DU PRANA

Rappelez-vous que ni les pensées ni le prana n'existent dans le corps physique. Toutefois, selon la nature de vos pensées, le prana circule vers une région spécifique du corps physique. Quand les pensées ont une nature dense et matérialiste, la circulation sans à-coup du prana est ralentie, car il rencontre une résistance accrue. Si cela arrive régulièrement, des blocages tendent à se former.

Les blocages intellectuels

Votre mental analogique peut bloquer la circulation du prana lorsque vous prenez des décisions peu logiques – ou quand vous basez vos décisions sur des informations incorrectes. Ces blocages sont généralement liés aux chakras supérieurs, comme vishuddha et ajna. Par exemple, vous pouvez avoir l'impression qu'il n'y a qu'une manière de faire quelque chose – ou que vous "n'avez pas le choix" en la matière. Une fois en place, le blocage est difficile à surmonter, car il peut sembler très logique.

Doute

Quand vos attentes sont irréalistes, vous vous retrouverez à douter de tout ce que vous faites et pensez. Pareillement, vous pouvez douter de l'efficacité des pratiques régulières. De tels doutes aboutissent à des blocages intellectuels de la circulation du prana. Pour dépasser les blocages causés par douter de soi, mieux vaut chercher la compagnie de personnes aux intérêts similaires. Vos doutes peuvent aussi être écartés par l'étude et la quête philosophique constantes.

Critique et négativité

La critique incessante accroît l'attitude négative du mental et rend difficile l'atteinte de la paix intérieure. Quand le mental est engagé ainsi, il tend à s'enliser, provoquant des blocages dans les nadis. Mieux vaut ne pas s'appesantir sur les défauts des autres, pas plus qu'il ne faut se laisser obséder par la critique venant d'autrui.

Si votre mental rasasse chaque problème et événement, essayez de développer l'habitude du non-attachement. Visualisez chaque pensée négative comme une boule qui semble grandir de plus en plus avant d'éclater, donc de disparaître.

L'étude et la compagnie des personnes positives aident à se débarrasser du tourment intérieur, des attitudes négatives et de la critique récurrente.

Karma yoga

Karma yoga (service altruiste) atténue la négativité et incite le prana à circuler de manière positive. Lorsque vous rendez service à quelqu'un de manière altruiste, vous édifiez l'empathie et votre chakra du cœur s'ouvre. Cela équilibre l'énergie "principale" sur laquelle vous vous focalisiez précédemment.

Pouvoirs psychiques

En travaillant régulièrement avec les chakras, les pouvoirs psychiques émergent naturellement suite à la purification intérieure. Il est important de ne pas les utiliser dans des buts égoïstes ou matérialistes, afin d'éviter une réaction négative. Les pouvoirs psychiques peuvent griser ou brouiller l'intellect.

Si vous travaillez avec les chakras dans l'espoir d'acquérir des pouvoirs psychiques, vous devez être conscient des dangers encourus. Les motifs égoïstes suscitent l'attachement à ce genre de pouvoirs, ainsi qu'une forme de cupidité spirituelle.

Laisser aller la fierté intellectuelle

Les blocages sont souvent causés par la fierté intellectuelle. La méditation sur l'abandon de l'identité centrée sur l'ego et le sens limité du moi peut vous aider à éliminer ce type de blocage.

Méditation sur le laisser aller

Utilisez votre respiration pour laisser aller la fierté intellectuelle et tout ce qui est susceptible de causer des blocages énergétiques.

1 Asseyez-vous en une position confortable, dos droit, et fermez les yeux. Respirez doucement par le nez. Maintenez votre conscience sur la respiration, sans tenter de la contrôler. Observez votre respiration. Écoutez votre respiration. Utilisez votre respiration pour laisser aller le stress, les tensions et les anxiétés.

② Respirez profondément à partir de l'abdomen. En inspirant, entendez votre respiration dire "laisse". En expirant, entendez-la dire "aller". Ne forcez en aucune façon votre respiration. Imaginez que vous laissez aller sur chaque expiration un peu de votre énergie bloquée.

Conclusion

Pour éliminer les blocages intellectuels de l'énergie de vos chakras, utilisez votre mental analytique pour discerner ce qui vous rend durablement heureux. Posez-vous des questions philosophiques, mais sans vous enliser dans une pensée figée. Au lieu de tenter d'écarter les pensées négatives, essayez de cultiver une attitude positive. N'essayez pas non plus d'être trop extrême dans vos actions, car cela ne fera que perturber votre paix intérieure.

La pensée positive et le travail visant à comprendre votre véritable nature vous aideront à surmonter les blocages causés par un mental trop analytique – ou par l'énergie excessive de l'ajna chakra.

La pratique quotidienne de la respiration profonde et de la méditation aide à laisser aller les convictions invétérées qui provoquent des blocages intellectuels.

Les blocages karmiques

Le karma est action. Le karma concerne les actions du passé, de la vie actuelle ou des vies antérieures, et les réactions suscitées par ces actions. Votre situation actuelle dans la vie est le résultat (bénéfique ou néfaste) de vos actions passées. Savoir que vous êtes le créateur de votre situation actuelle vous permet de mieux guider votre avenir en écartant les blocages présents du courant de prana.

Afin d'éliminer les blocages karmiques, ne portez pas des jugements pour commencer, spécialement sur vous-même. Abandonnez l'habitude de faire constamment des comparaisons ; acceptez le fait que vous êtes exactement là où vous devez être à un moment donné, ne vous faites pas du mauvais sang pour des choses insignifiantes et soyez patient avec ceux qui vous entourent et avec les limitations de votre environnement.

Être content dans le présent tout en vous efforçant d'améliorer votre vie future exige une grande compréhension de la loi du karma. Cela permet de laisser aller les blocages qui consument d'énormes quantités de votre énergie, consacrée à penser que vous n'auriez pas dû faire quelque chose ou que vous auriez dû procéder autrement. Apprenez de vos erreurs et avancez sans vous laisser dévorer par les regrets. Notez la manière dont vos efforts actuels vous permettent de changer votre avenir.

En poursuivant votre train-train quotidien, sans porter de jugements, essayez de savoir si votre mental est focalisé sur ce que vous faites ou s'il est enlisé dans des récriminations à propos de ce que vous auriez pu/dû faire.

Acceptez le fait que le passé est le passé et que vous ne pouvez pas le changer. Une seconde après l'action, vous ne pouvez plus la changer. Un mot dit est dit, vous ne pouvez pas le reprendre.

Assumez la responsabilité de votre karma. Retracez chaque blocage énergétique jusqu'aux actions et aux attitudes l'ayant provoqué. De même, quand vous éprouvez une quelconque détresse, choisissez de revenir consciemment à votre centre d'équilibre.

Service altruiste

Pratiquez naturellement la gentillesse. Même si vous n'avez pas de raison de faire sourire les autres ou de les faire se sentir heureux, cela aidera à écarter les blocages karmiques de votre énergie.

Il suffit d'un sourire, d'un bonjour ou d'une offre d'aider. Un acte de gentillesse n'est pas nécessairement un geste spectaculaire ou une donation généreuse.

Sur le champ de bataille de la Bhagavad Gita, *Krishna et Arjuna discutent du karma et de la nécessité d'accepter la responsabilité de ses propres actions.*

Tenez un journal

Tenir un journal (voir page 64) permettra de comprendre comment le karma génère les blocages énergétiques. Voici quelques questions et affirmations à utiliser comme point de départ :

- Est-ce que je vis dans le moment présent ou est-ce que je m'apprête à quelque chose d'autre ?
- Quand je regarde la vie des autres, ai-je envie que ce soit la mienne ? Suis-je enclin à accepter l'idée que mes actions passées ont suscité ce qui m'arrive actuellement ?
- Tout ce dont j'ai besoin est toujours là pour moi-même si en ce moment particulier mon expérience est difficile.
- Lorsque je suis centré et content, mon moi n'est pas perturbé par les stress et les épreuves de la vie.

Conclusion

Commencez à développer l'attitude affirmant que les blocages karmiques sont de simples "tests" sur le chemin de la découverte de soi, des leçons à apprendre. Ce faisant, vous transformez chaque obstacle en occasion de découverte de soi.

Rappelez-vous : la meilleure façon de dépasser les blocages est une pratique régulière avec une attitude de non-attachement. À l'occasion, offrez à votre mental un peu de relaxation et de diversité en modifiant vos horaires de pratique, de préférence sans arrêter entièrement celle-ci. Souvent, les débutants, enthousiastes, espèrent acquérir très rapidement des pouvoirs psychiques. Si cela n'arrive pas, continuez sans vous décourager ; il est important que les blocages soient éliminés progressivement. La sincérité, la régularité et la patience finissent par vous faire progresser.

La Roue de la vie tibétaine est une représentation de l'influence du karma.

CHAPITRE TROIS

Techniques de base du travail avec les chakras

"Sans nul doute, le mental est difficile
à contrôler et il est agité,
mais par la pratique répétée,
et par le détachement, il est maîtrisé."

Bhagavad Gita, 6.35

Une introduction aux yantras

Les yantras sont des symboles visuels qui aident à éveiller les pouvoirs latents existant en vous dans un état statique. Ils aident à activer le potentiel caché et le transforment en pouvoir cinétique.

Chacun représente l'univers qui, lorsque vous le percevez à travers vos sens, semble constitué de matière perceptible. En réalité, la matière est vibration ; vos sens l'interprètent comme étant solide, liquide ou gazeuse.

Un yantra est la représentation d'un schéma énergétique spécifique, une matrice de formes géométriques et d'images symboliques générant des modèles très puissants. Bien que les yantras soient généralement bidimensionnels, chacun représente un centre énergétique multidimensionnel.

Les yantras, outils de méditation

Chaque yantra est un outil de méditation qui permet la concentration sur l'énergie d'un chakra spécifique, concentration suscitant une image très intense dans le mental.

La signification littérale de *yantra* est "instrument" ou "machine". Les yantras, reposant sur les principes de la géométrie sacrée, sont des représentations symboliques de modèles énergétiques, ainsi que

de puissants outils de centrage contribuant à la maîtrise de l'énergie du chakra. Comme des éponges psychiques, ils absorbent la négativité éventuellement présente dans le mental.

Les yantras aident à transformer les modèles comportementaux mentaux en habitudes de réflexion plus positives. Ils sont souvent utilisés pour la guérison et pour favoriser la santé et l'abondance, et fortifient surtout le potentiel déjà existant. Ils ne peuvent pas induire une chose qui va à l'encontre du karma naturel, mais peuvent contribuer à l'obtention de résultats intéressants.

Ne vous inquiétez pas si vous n'avez pas étudié à fond la géométrie ; les modèles représentés par chaque yantra agiront sur votre subconscient, vous aidant à faire l'expérience de nouvelles connexions entre les hémisphères cérébraux.

Rappelez-vous qu'il est important de prendre votre temps. Étudiez attentivement tout aspect du dessin avant de passer au suivant. Si en un point quelconque, votre mental devient agité, recommencez au bord du yantra. Par une pratique continue, vous vous connectez intuitivement à la "logique" de la forme géométrique incarnant l'élément associé au chakra.

De gauche à droite, les yantras du muladhara (page 85), swadhisthana (page 109), manipura (page 131), anahata (page 153), vishuddha (page 175), ajna (page 197) et sahasrara (page 219) chakras.

Entrer dans l'univers du yantra

Si, à tout instant, votre mental devient agité, recommencez au bord du yantra. Après avoir achevé la méditation, restez assis quelques minutes et notez vos expériences.

1. Placez le yantra sur une table basse, pour qu'il soit légèrement au-dessous du niveau des yeux.

2. Asseyez-vous dans votre position préférée pour la méditation. Assurez-vous que votre colonne vertébrale est bien droite, vos épaules, relaxées et votre menton, parallèle au sol.

3. Débutez toujours soit à la position "12 heures", soit au coin supérieur droit.

4. Votre regard suit le sens des aiguilles d'une montre, jamais la direction opposée.

5. Laissez vos yeux bouger lentement ; il est important de ne pas vous hâter à travers chaque plan.

6. Notez le nombre et la couleur des pétales – qui représentent les modèles d'énergie rayonnante du chakra, ainsi que les nadis principaux se connectant à ce chakra.

7. Chaque pétale est inscrit d'une lettre sanskrite représentant un son germe ; répétez le mantra associé en regardant chaque lettre. Pratiquez quelques jours, jusqu'à ce que vous vous sentiez pleinement connecté à l'énergie de ces mantras le délimitant.

8. Une fois prêt à passer au plan suivant, amenez votre conscience sur l'animal qui symbolise l'énergie élémentale du chakra.

9. Regardez ensuite la forme géométrique qui représente l'élément associé au chakra. Chaque forme géométrique renferme une grande lettre sanskrite ; c'est le son germe de l'élément du chakra. Chaque yantra a toujours un mantra (son germe) qui lui est associé. Ce mantra est pareil au mental, qui est en même temps un élément

du corps et différent de celui-ci. Le mantra est la conscience mentale ; le yantra est la forme de l'énergie du chakra. Un mantra monosyllabique est inscrit dans le corps de chaque yantra – et sur chaque pétale.

Bindu : Le dessin de chaque yantra focalise l'attention sur son centre, occupé par un point, "bindu", représentant le *locus mundi* (le centre du monde), le potentiel non-manifesté de toute la création.

La méditation sur le yantra est pratiquée avec les yeux mi-clos fixant les dessins géométriques représentant le chakra.

Travailler avec le son : les mantras

Le pouvoir du son est extraordinaire : il peut inspirer en générant des idées, des émotions et des expériences. En entendant des sons, le mental connaît une diversité d'expériences, dont la douleur et le plaisir. Si quelqu'un crie "Au voleur !" vous tressautez, surpris. Si tel est le pouvoir d'un mot ordinaire, imaginez quel peut être le pouvoir des vibrations subtiles d'un mantra.

Le terme "mantra" vient de deux racines sanskrites : "man" signifiant *mental* et "tra", *conduire, libérer, changer de forme* ou *d'emplacement*. C'est la racine des mots transfert, transcendance, transcription, traduction, transport et bien d'autres.

Un mantra est un son, un mot ou groupe de mots, qui met le mental dans un nouvel état de concentration, plus positif. Un mantra est une énergie mystique enfermée dans une structure acoustique. Par la concentration et la répétition, l'énergie du mantra émerge et prend forme.

La plupart des gens arrivent à se concentrer plus facilement sur un son que sur une image. Par exemple, si vous y pensez, vous arriverez probablement à entendre (mentalement) les Beatles chanter très clairement *Yellow Submarine*, même si vous l'avez écouté pour la dernière fois des années auparavant. Toutefois, c'est plus difficile de voir nettement un visage, même si vous connaissez bien la personne ou l'avez vue très récemment.

Lorsque les mantras sont fortifiés et portés par la répétition, ils vont du plan verbal à l'énergie pure de la pensée, en passant par les états mental et télépathique. La répétition des mantras est tenue pour la manière la plus directe d'atteindre l'état transcendantal.

Les mantras ne peuvent pas être adaptés à l'individu, malgré certaines affirmations actuelles. Ils ont toujours existé en tant qu'énergies dans un état latent. Juste comme la gravité a été découverte, mais pas inventée, par Newton, les mantras ont été révélés par les maîtres anciens, codifiés dans les textes sacrés et transmis de maître à disciple pendant des siècles.

Traduit, un mantra n'est plus un mantra, car les vibrations sonores de la traduction sont différentes. Les vibrations rythmiques des syllabes correctement psalmodiées aident à régulariser les vibrations souvent mal assurées du mental.

La répétition d'un mantra aide à purifier le mental de la colère, de la cupidité, de la luxure et des autres impuretés qui dissimulent la lumière intérieure.

Chaque chakra est associé à un mantra. Assurez-vous de prononcer chacun correctement et distinctement, ni trop vite ni trop lentement. La pureté, la concentration et l'attitude mentale positive contribuent grandement à la réussite de la pratique. Répétez les mantras en silence, car c'est là qu'ils sont les plus puissants.

La psalmodie des mantras implique la concentration sur la prononciation correcte.

Exercice de vocalisation : entonner OM

Pratiquez cet exercice afin de vous préparer à travailler avec les divers sons des chakras. OM est formé en fait de trois lettres : A, U et M. Commencez en prenant une respiration profonde et en ouvrant la bouche aussi grand que possible. En expirant, assurez-vous que le son débute au creux du ventre et monte à travers la poitrine et la gorge dans votre tête.

- Commencez avec la bouche grande ouverte et entonnez le son "aah". Sentez-le vibrer dans votre région abdominale.
- À mesure que le son monte, arrondissez la bouche pour entonner "ou". Sentez-le vibrer dans votre poitrine, puis dans votre gorge.
- Finalement, fermez la bouche en entonnant un "mmm" prolongé. Sentez le son vibrer dans votre tête, spécialement dans les cavités sinusales.

Continuez à entonner cet OM prolongé. Il s'affaiblit de plus en plus, jusqu'à devenir un murmure – pour finir, répétez-le mentalement. OM représente le son transcendantal, inaudible.

	A	U	M
Représente			Avenir Sommeil profond Au-delà du mental/intellect
Son fait avec			Lèvres closes
Son vibre dans			Tête et sinus

Un "OM" de pierre, tel qu'il est écrit en sanskrit.

ॐ

Aides à la réflexion

Tenir un journal

La simple observation des faits et des événements n'induit pas de profonds changements de vie. La tenue d'un journal vous permettra de revoir, en plus des situations de votre vie, vos pensées les concernant, ce qui favorisera les transformations significatives de votre personnalité. C'est là un puissant outil donnant accès tant à votre mental conscient qu'à votre subconscient.

Ce journal est le compte rendu de vos réactions aux questions que vous vous posez. C'est une manière de connecter les leçons apprises, la vie quotidienne et les pensées sur un plan plus profond.

Grâce à l'écriture, les sentiments et les expériences deviennent plus tangibles, ce qui les rend accessibles en vue d'un développement plus avancé. Rédiger un journal stimule la mobilité du subconscient et facilite l'émergence de pensées et de connexions précédemment cachées.

Vous n'avez pas à aimer écrire ni à exceller à cela pour tenir un journal. Vous n'êtes pas obligé d'écrire des phrases entières ni de respecter l'orthographe et la grammaire. Nul ne lira votre journal en dehors de vous. Vous ne racontez pas l'histoire de votre vie, vous observez le processus de votre épanouissement intérieur, travaillez avec les expériences et les émotions uniques caractérisant votre être. Demandez-vous souvent : "Que dois-je faire d'autre de ce matériel ?"

Écrivez sans vous arrêter pour réfléchir. Acceptez ce qui vous vient à l'esprit et notez-le dans votre journal – sentiments, réflexions, pensées, images. Dialoguez avec vous-même, comme si vous discutiez vos questions. Vous n'arriverez peut-être pas à une conclusion et vous vous retrouverez souvent à réévaluer certains points.

Le journal est une clé puissante du développement de votre vie intérieure. Complétez-le régulièrement et vous constaterez que votre compréhension de la philosophie du yoga s'accroît – et que votre vie est amplement enrichie.

Chacun des chapitres traitant des chakras propose quelques idées susceptibles d'aider le travail dans ce domaine. Un simple bloc-notes où marquer tout ce qui vous vient à l'esprit, sans vous interroger sur sa valeur, vous rendra le plus grand service. Le meilleur moment pour écrire est soit le matin, à la première heure, soit après la méditation ; cependant, vous pouvez choisir tout moment où vous avez le loisir de vous asseoir tranquillement et de réfléchir sur vos pensées.

Tenir un journal quotidien de vos réflexions est un grand atout pour votre travail avec les chakras.

Agenda de la pratique

En plus de ce journal, tenez un agenda de votre travail avec les chakras assurant que vous traduisez à la vie vos pensées. Utilisez les réflexions notées dans votre journal pour susciter des questions à marquer sur votre agenda (voir ci-contre).

Cet agenda vous aidera à établir votre routine. Il doit être rempli tous les jours – de préférence, avant de vous mettre au lit – pendant tout au plus 5 minutes, afin de ne pas aller à l'encontre du but recherché. Si vous laissez passer quelques jours, vous risquez de ne plus rappeler clairement ce que vous aviez à écrire.

Alors que le journal concerne l'évaluation, l'agenda est un simple aide-mémoire du nombre d'exercices effectués et de leur durée. En notant la quantité plutôt que la qualité, vous êtes sûr de pratiquer régulièrement.

Commencez en notant votre "intention de pratique" pour la semaine. Par exemple, pensez à la pratique que vous envisagiez pour la semaine à venir: "Cette semaine je vais [énoncez une affirmation positive] m'asseoir pour méditer durant 30 minutes [engagez-vous envers vous-même] chaque matin entre 7 h et 7 h 30 [précisez aussi le moment où vous pratiquerez]. Cette semaine je vais travailler avec le chakra ______."

C'est là un exemple de la manière de noter votre intention de pratique – les détails sont laissés à votre appréciation. Vous pouvez aussi ajouter des questions concernant des aspects sur lesquels vous travaillez, comme: "Combien de fois me suis-je mis en colère ce jour?" Vous verrez ainsi ce nombre diminuer régulièrement au fil de la pratique.

Tenir régulièrement un agenda vous aide à dépasser la nature rusée de votre mental, capable de vous faire croire que vous avez beaucoup pratiqué, alors qu'en fait vous n'avez pas fait grand-chose. Si vous remplissez tous les soirs votre agenda, vous aurez une image plus juste de votre pratique.

Exemple d'agenda pour la pratique hebdomadaire

EXEMPLES DE QUESTIONS	LUNDI	MARDI	MERC.	JEUDI	VENDR.	SAMEDI	DIM.	TOTAL
1. Combien de temps ai-je pratiqué l'exercice d'équilibration des chakras?								
2. Combien de temps ai-je pratiqué les exercices de respiration?								
3. Combien de temps ai-je médité sur les chakras?								
4. Combien de temps ai-je gardé délibérément le silence?								
5. À quel point mon alimentation est saine? (Score 1 à 10)								
6. Combien de temps ai-je pratiqué les postures de yoga?								
7. Combien de fois ai-je menti?								
8. Combien de fois me suis-je mis en colère?								

Les meilleurs moments pour méditer sont l'aube et le crépuscule. Si vous ne pouvez pas vous libérer là, essayez de pratiquer le matin à la première heure ou le soir avant de dormir.

Connaître vos faiblesses et vos forces

Cette méditation vous aidera à percevoir vos chakras.

1. Asseyez-vous dans une position confortable de méditation, de préférence en tailleur.

2. Fermez les yeux, serrez vos lèvres et respirez doucement par les narines. Commencez à prolonger peu à peu votre respiration.

③ Dirigez consciemment votre souffle vers votre plexus solaire. Observez l'énergie de votre abdomen devenir plus forte. Prolongez votre respiration jusqu'à ce qu'elle atteigne la base de votre corps.

④ En inspirant, faites descendre votre souffle le long de la face antérieure de votre corps. En expirant, dirigez l'énergie depuis la base de votre colonne vertébrale vers le sommet de votre tête.

⑤ Vous arriverez aussi à visualiser votre respiration comme un courant de lumière blanche éclatante, montant depuis la base de votre corps jusqu'au sommet de votre tête puis redescendant.

⑥ À mesure que le souffle circule dans votre corps, notez si vous percevez les divers points énergétiques (chakras) situés :

- à la base du corps
- à la région sacrée
- au plexus solaire
- au cœur
- à la gorge
- sur le front, entre les sourcils
- au sommet de votre tête.

⑦ Bougez progressivement votre conscience le long des divers centres énergétiques du corps en notant lequel (lesquels) vous percevez plus clairement. Notez quels points sont plus forts et plus facilement perçus sur la face antérieure et lesquels semblent dominer sur la face postérieure de votre corps.

⑧ Après un moment, concentrez-vous sur le chakra avec lequel vous travaillez.

⑨ À la fin de chaque méditation, pratiquez un exercice simple de visualisation pour vérifier que vous n'êtes pas trop vulnérable ou ouvert aux influences négatives. Visualisez tour à tour chaque chakra comme une fleur fermant ses pétales le soir.

Dessiner vos chakras

Vous aimez probablement faire ce qui ne vous pose pas problème et éviter le reste. Toutefois, pour équilibrer votre personnalité et votre vie, il est important de surmonter vos faiblesses. Pour les découvrir par une expérience directe, commencez en pratiquant la méditation visant à percevoir vos chakras (voir pages 68 et 69).

Après la méditation, dessinez vos chakras tels qu'ils apparaissent ce jour-là – pas de la manière dont vous voudriez qu'ils soient. La taille du cercle indique votre évaluation de l'énergie relative du chakra, le degré d'opacité, son niveau d'ouverture.

LA SENSATION DES CHAKRAS

L'énergie du chakra est entravée ou bloquée

L'énergie du chakra est faible ou déficiente

L'énergie du chakra est excessive ou erratique

L'énergie du chakra est saine et circule sans à-coups

Après avoir observé vos chakras ainsi, établissez le schéma de vos relations énergétiques avec les autres. Dessinez votre chakra, puis le chakra correspondant de l'autre personne – les flèches indiquent le courant d'énergie.

EXEMPLES DE SCHÉMA DES RELATIONS ÉNERGÉTIQUES

	Un échange sain d'énergie prend place à ce chakra
	Le courant d'énergie à ce chakra se déplace dans une seule direction
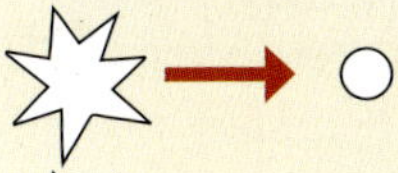	Une personne oppresse une autre
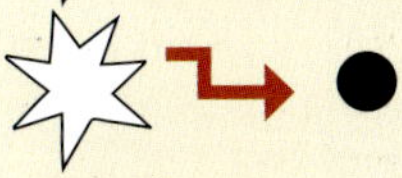	Une personne domine l'autre, dont le chakra est bloqué
	Une personne a érigé un bouclier pour se protéger de quelqu'un

EXEMPLES DE SCHÉMA DES SEPT CHAKRAS

	Chaque personne a un sahasrara sain, mais aucune communication ne prend place là.
	Une personne est légèrement plus ouverte à l'ajna chakra, mais un bon échange d'idées prend place
	Vishuddha chakra – échange mutuel d'énergie
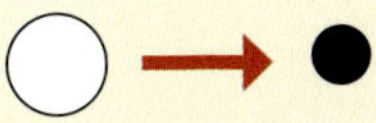	Anahata chakra – le courant d'énergie va dans une seule direction
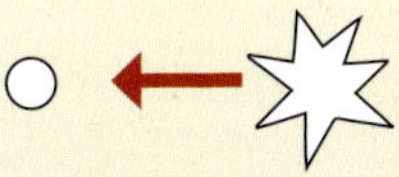	Manipura chakra – une personne domine une autre
	Swadhisthana chakra – le courant d'énergie va dans une seule direction
	Muladhara chakra – aucun échange d'énergie (les deux personnes sont peu ancrées)

Méditations préparant au travail avec les chakras

La méditation est une expérience différente de toute autre ; elle permet de ressentir la paix totale. Lorsque vous méditez sur vos chakras, vous allez au-delà les limites ordinaires imposées par le temps et l'espace. Les méditations sur les chakras sont des techniques simples mais puissantes, qui aident à développer l'équilibre intérieur et à maintenir la vie en harmonie. Ces méditations sont plus utiles lorsqu'elles sont étayées par la pratique régulière des asanas, l'autoanalyse et les activités positives tout au long de la journée.

Méditation sur l'expansivité en percevant votre prana

En pratiquant régulièrement cet exercice, vous constaterez que votre conscience et vos "frontières" s'élargissent et que vous faites des choses qui vous semblaient trop difficiles par le passé.

1. Asseyez-vous dans une position confortable de méditation, dos bien droit. Fermez les yeux et prenez quatre ou cinq respirations profondes. Ne tentez pas de contrôler votre respiration naturelle par les narines. Laissez-la être aussi profonde ou aussi longue qu'elle le veut et aussi rapide ou aussi lente que cela semble bon.

2. Devenez conscient des parties de votre corps en contact avec le plancher. Respirez consciemment vers elles et observez ce qui se passe. Vous pouvez avoir l'impression de vous élargir vers le bas, de devenir plus lourd ou plus léger, ou même de flotter.

3. Après quelques minutes, faites passer votre conscience sur la partie gauche de votre corps. Sentez votre énergie rayonnant vers la gauche. Respirez dans la jambe, le flanc, le bras, le côté du cou, la joue et la tempe gauches. Envoyez votre respiration vers ces zones. Notez l'impression que vous vous élargissez vers la gauche.

④ Répétez sur la partie droite de votre corps. Sentez l'énergie rayonner vers votre droite. Respirez dans la jambe, le flanc, le bras, le côté du cou, la joue et la tempe droits. Envoyez votre respiration vers ces parties. Voyez-vous vous élargir vers la droite.

⑤ Déplacez votre conscience vers la face postérieure de votre corps, qui inclut le dos, la nuque et la face postérieure des bras et l'arrière de la tête. Envoyez votre respiration dans ces zones. Sentez la manière dont vous semblez vous élargir vers l'extérieur et vers l'arrière.

⑥ Passez à la face antérieure de votre corps ; sentez jusqu'où votre énergie rayonne devant vous. Déplacez la conscience depuis l'abdomen à la poitrine, au bras, à la gorge et au visage, puis percevez simultanément toutes ces parties et envoyez-y votre respiration. Notez la manière dont vous semblez vous élargir vers l'avant.

⑦ Sentez le haut de votre corps ; notez jusqu'à quelle distance votre énergie monte depuis les épaules, la tête et le cuir chevelu, puis percevez-les simultanément. Envoyez votre respiration dans ces parties. Notez la manière dont vous semblez vous élargir vers le haut.

⑧ Percevez l'expansion de tout votre corps. Sur chaque respiration, sentez que vous vous élargissez dans toutes les directions. Répétez une affirmation comme "Je ne fais qu'un avec l'univers" ou "Rien ne peut m'arrêter".

Une position ancrée accroît l'impression de sérénité durant la méditation.

La méditation sur les divers plans de votre être

Si vous êtes comme la plupart des gens qui s'intéressent au travail avec les chakras, vous réalisez probablement que la vie comporte nombre de dimensions au-delà de l'apparente "réalité" de votre corps physique. Cette méditation vous aide à vous connecter aux divers plans de votre être : physique, pranique, émotionnel, intellectuel et karmique.

1. Asseyez-vous dans une position confortable de méditation, dos bien droit. Fermez les yeux et respirez doucement par les narines. Prenez quelques respirations profondes, sans tenter de contrôler votre souffle ; laissez-le circuler naturellement, être aussi profond ou aussi long qu'il le veut, aussi rapide ou aussi lent qu'il semble bon.

2. Devenez conscient de votre corps. Pour intensifier votre conscience, concentrez-vous sur les diverses parties de votre corps : pieds, mollets, genoux, cuisses, bassin, abdomen, taille, poitrine, épaules, bras, mains, cou, tête. C'est votre corps physique.

3. Devenez ensuite conscient du mouvement plus profond prenant place *dans* ce corps physique, comme le mouvement de la respiration. En conduisant votre conscience encore plus loin, vous percevez votre enveloppe énergétique – parfois appelée "double éthérique". Ce plan

est plus subtil que le corps physique et englobe la circulation du prana, les nadis et les chakras. Passez du temps à observer votre respiration ; notez ses qualités en inspirant et en expirant.

4 À mesure que se déroule cette respiration-observation, vous devenez conscient d'un mouvement encore plus subtil, celui de vos pensées et de vos sensations. Si vous vous plongez dans votre conscience, vous percevez votre enveloppe mentale-émotionnelle contenant le mental réactif, les émotions et les humeurs.

5 Observez vos pensées et vos sensations, sans tenter de les changer, en restant un "témoin silencieux". Notez ce que vous pensez en ce moment même et comment vous vous sentez. Soyez conscient de votre enveloppe mentale-émotionnelle.

6 Après un moment, vous réalisez que toutes vos pensées et vos sensations viennent d'une source plus profonde et tournent autour de la perception du "moi". Votre expérience d'être distinct des autres émerge de votre enveloppe de l'ego. C'est le domaine de votre être où vous débattez avec vous-même et prenez des décisions.

7 Votre enveloppe de prise de décisions a également une source. Elle émerge du plan le plus subtil de votre être. Notez la joie de la perception de votre centre. Laissez-vous remplir de joie. Votre karma est emmagasiné sur ce plan.

8 Finalement, abandonnez même ce plan et connectez-vous à votre véritable "moi" se trouvant au-delà de tous les divers plans de votre être ; c'est une essence éternelle et infinie.

9 Après un temps, faites avancer progressivement votre conscience vers l'extérieur, plan après plan. Ce faisant, essayez de maintenir un sentiment de joie. Notez si quelque chose a changé en vous par rapport à ce que vous étiez précédemment.

लं

CHAPITRE QUATRE

Le muladhara chakra

"La déesse Kundalini demeure dans
le muladhara chakra ;
elle peut être éveillée par le pranayama."

Siva Samhita, 4.26

PRÉSENTATION

Le muladhara chakra

Le muladhara chakra est la fondation énergétique du corps et du mental. En tant que chakra racine, il vous donne l'énergie indispensable à la survie. Il est le seul point focal de la vie depuis l'état de fœtus jusqu'à l'âge de 1 an. Au cours de cette étape de développement, on a besoin de chaleur, de soins, de stabilité, de sécurité et on désire peu d'autres choses. Pour la majeure partie, on n'est pas conscient du monde extérieur.

Ce chakra est le siège des instincts. Il ancre et donne l'énergie nécessaire pour endurer les tribulations de la vie. La réaction se battre ou s'enfuir est une manifestation de l'énergie du muladhara.

Fonctions curatives

Situé à la base du corps, le muladhara chakra gouverne le système immunitaire, le squelette, les intestins et les dents. Si son énergie est déséquilibrée, de fréquents problèmes au niveau des jambes, des pieds, des genoux, du coccyx et des fesses sont présents, ainsi que la sciatique.

BÉNÉFICES DU MULADHARA

- Connexion au corps
- Aperçus quant aux relations
- Affranchissement des préjugés et des intolérances
- Libération des opinions négatives héritées
- Appréciation de toute vie
- Ancrage
- Sentiment d'une meilleure sécurité dans la vie
- Prise d'engagements (et leur respect)

Ganesha, *le dieu à tête d'éléphant qui écarte tous les obstacles.*

EMPLACEMENT

Base du corps

MOTS-CLÉS

Terre, base, fondation, racines, solidité, carré, cube, quatre points cardinaux, sécurité, soutien, richesse, stabilité, famille, tradition, mère, éducation, nourriture, protection, ancrage, gravité, odorat, confiance, fermeté

ASPIRATIONS

Connexion à la terre, aisance dans le corps, racines, moyens d'existence justes

TRAVAIL AVEC MULADHARA

Favorise la capacité à surmonter les sentiments d'insécurité et libère de la peur

ACCROÎT

Stabilité, engagement et ancrage

Utiliser le muladhara chakra

Travailler avec l'énergie du muladhara chakra aide à se connecter au corps de manière saine. Cela accroît la capacité à éliminer ce qui est devenu obsolète dans la vie, y compris les pensées et les émotions négatives. Il peut aider à se libérer des préjugés et des intolérances présents de longue date, même permettre de s'affranchir du regard négatif sur le monde éventuellement hérité de sa famille.

Lorsque l'énergie du muladhara est saine et travaille en harmonie avec l'énergie des autres chakras, on tend à tenir toute vie pour précieuse. L'individu n'est pas égoïste, cupide ou craintif, il s'occupe de lui-même, de sa famille et de son "groupe", mais pas au détriment des autres.

La consommation d'aliments sains, surtout des racines comestibles, entretient et consolide l'énergie du muladhara.

Lorsque vous travaillez avec l'énergie du muladhara

Travaillez avec l'énergie de votre muladhara chakra dans les circonstances suivantes :

- Vous vous sentez déconnecté du monde qui vous entoure.
- Vous ne vous sentez pas en sécurité, sans vraiment comprendre pourquoi.
- Vous avez peur, sans savoir ce qui vous effraie.
- Vous avez connu récemment, ou par le passé, une situation traumatisante que vous n'avez pas pu gérer sur le plan émotionnel.
- Vous connaissez des difficultés financières ou professionnelles.
- Vous vous sentez "bloqué" dans un ou plusieurs aspects de votre vie.
- Vous êtes paralysé – physiquement ou psychologiquement.

JOURNAL DU MULADHARA – QUESTIONS SUGGÉRÉES

- Pourquoi suis-je là en ce moment de ma vie ? Si vous le voulez, commencez par noter vos souvenirs les plus anciens. Sont-ils heureux ?
- Quelles convictions/superstitions ai-je hérité de ma famille ?
- Perçois-je le monde comme un endroit dangereux ?
- Est-ce que je me nourris correctement – d'aliments appropriés, d'idées et d'impressions saines ?
- Ai-je souvent l'impression de ne pas "appartenir" à quoi que ce soit ?
- Comment est-ce que je peux me connecter mieux à mon corps ?
- Suis-je capable d'entretenir des relations saines ? Est-ce que je laisse aller celles qui ont une mauvaise influence sur moi ?
- Qu'est-ce que je peux faire pour rendre moins erratiques mes habitudes alimentaires ? Reflètent-elles un manque d'énergie terre équilibrée ?
- Si vous élevez et/ou éduquez des enfants/petits-enfants/disciples, demandez-vous de quelles qualités vous aimeriez qu'ils héritent de vous.

Élément et énergie symboliques

Lorsque vous travaillez avec l'énergie du muladhara chakra vous commencerez probablement à laisser aller l'illusion que vous pouvez trouver le bonheur durable en quelque chose d'extérieur et à réaliser que le vrai bonheur se trouve en vous. Cette leçon importante est traditionnellement exprimée à travers divers symboles associés à ce chakra.

Signification du nom : mula = racine, base, fondation ; adhara = soutien, base, réceptacle

Position : le chakra le plus bas, à la base du corps

Modèle de rayonnement énergétique : lotus à quatre pétales

Élément : terre = matière solide, le plus dense de tous les éléments

Forme géométrique représentant la terre : carré jaune métallique, symbolisant les quatre coins de la terre

Symbolisme de l'élément : fermeté, stabilité, fondement, inertie, gravité, solidité, sécurité

Mantra (son germe) de l'élément : LAM

Objectifs : survie, sécurité, moyens d'existence justes, instinct de conservation

Âge du développement : du fœtus jusqu'à l'âge de 1 an

Conscience : ignorance du monde extérieur ; enracinée dans le moment présent

Énergie féminine : Dakini, déesse à quatre bras. Dans sa main inférieure droite, elle tient une épée avec laquelle elle écarte la peur et détruit l'ignorance. Le bouclier de sa main supérieure droite protège. Le crâne de sa main inférieure gauche incite à ne pas craindre la mort, le blocage psychologique du muladhara chakra.

Dans sa main supérieure gauche, elle tient un trident, signalant qu'elle représente l'essence de toutes les trinités spirituelles.

Gardien masculin : Ganesha, gardien du seuil, qui écarte les obstacles. Sans son accord, vous ne pouvez pas passer cette première porte.

Animal : éléphant noir à la trompe levée, symbolisant la force, les besoins fondamentaux de survie et la capacité de s'ancrer

Émotions positives : sécurité, loyauté, sens de communauté

Émotions négatives : peur, préjugé, foi aveugle

Sens dominant : odorat

Activité essentielle : élimination

Aspect de la force de vie ayant son siège au muladhara chakra : apana – l'énergie qui vous permet de laisser aller ce dont vous n'avez plus besoin ou ne voulez plus.

Le lingam de Shiva du muladhara chakra représente l'Absolu dépourvu de forme. Un serpent est lové trois fois et demie autour de lui, représentant la connexion avec le potentiel énergétique infini inexploité, la kundalini.

Travailler avec le muladhara chakra vous offre de nouveaux aperçus des relations avec les membres de votre famille et de votre communauté.

MÉDITATION

Méditer sur muladhara yantra

① Placez le muladhara yantra sur votre autel (petite table basse) pour qu'il soit au niveau des yeux ou légèrement en dessous quand vous vous asseyez pour méditer.

② Asseyez-vous dans votre position préférée pour la méditation, yeux fermés. Votre colonne vertébrale est bien droite, vos épaules, détendues et votre menton, parallèle au sol.

③ Prenez quelques respirations longues et profondes, pleinement conscientes.

④ Lorsque votre corps et votre respiration sont à l'aise et prêts, ouvrez à moitié les yeux et fixez du regard le haut de l'image. Votre regard suit sa circonférence, dans le sens des aiguilles d'une montre.

⑤ Notez les quatre pétales vermillon/rouge sang. Sur chacun est inscrite une lettre sanskrite. En partant du pétale en haut à droite, répétez le mantra en le regardant : VAM, S'AM, SHAM, SAM. Pratiquez cela pendant quelques jours, jusqu'à ce que vous sentiez être pleinement connecté à l'énergie de ces mantras le délimitant.

⑥ Une fois prêt à passer au plan suivant, laissez vos yeux suivre une spirale vers l'intérieur, en déplaçant votre conscience sur l'éléphant noir trompe levée, portant sur son dos un carré jaune. L'éléphant et le carré symbolisent la terre, l'énergie élémentale du muladhara chakra.

⑦ Le carré jaune contient le son germe de l'élément terre : LAM. Répétez mentalement le mantra. Le carré renferme aussi un lingam de Shiva avec un serpent lové trois fois et demie autour de lui, représentant l'énergie kundalini assoupie au muladhara chakra.

लं

Déséquilibres du muladhara

Lorsque l'énergie du muladhara chakra est équilibrée et circule librement, vous vous sentez en sécurité dans votre vie. Vous tendez à être pleinement présent dans le moment et connecté à ce qui se passe autour de vous. Vous vous liez de manière saine aux personnes qui partagent votre vie. Vous jouissez d'une bonne santé parce que votre système immunitaire fonctionne correctement et votre squelette vous soutient. Vos besoins essentiels, comme la nourriture et l'abri, semblent toujours être satisfaits.

Le muladhara chakra est lié à votre sentiment de faire partie d'un couple, d'une famille et d'une communauté. Son énergie vous permet de satisfaire vos besoins et les besoins de ceux qui dépendent de vous.

Quoi chercher

La peur, la panique, la cupidité, la paresse, l'intolérance, le préjugé, la rigidité (mentale et physique) et le penchant à une foi aveugle sont des expressions des déséquilibres ou des blocages du muladhara chakra.

Équilibrer l'énergie de votre muladhara chakra aide à établir et à maintenir des relations saines avec la famille, les amis, la communauté et les collègues de travail. Vous jouissez d'un sentiment accru de sécurité et de loyauté ; vous vous sentez un membre de valeur de la société.

Causes possibles de déséquilibre

Divers traumatismes peuvent provoquer des déséquilibres de l'énergie du muladhara. Souvent, ceux-ci apparaissent quand vous êtes jeune et incapable de les contrôler. Peut-être que votre naissance a été difficile, peut-être avez-vous été séparé trop tôt de votre mère, ce qui a suscité une difficulté à accepter les soins.

Vous avez peut-être été maltraité physiquement, battu ou mal nourri dans votre enfance. Les blocages énergétiques du muladhara chakra peuvent être causés par tout ce qui induit la panique, l'effroi ou l'inquiétude extrême : perte de sa maison ou de son emploi, divorce des parents quand vous étiez trop jeune pour comprendre.

Les situations menaçant la vie, comme celles qu'ont subies les survivants de génocides, les vétérans de guerre, les victimes d'enlèvements ou les personnes vivant dans une pauvreté extrême bloquent le courant d'énergie. Une maladie grave peut avoir le même effet.

QUAND L'ÉNERGIE DU MULADHARA EST EXCESSIVE

- Vous vous sentez bloqué dans la vie.
- Vous tendez à être paresseux, lourd, dominateur, en surpoids.
- Vous accumulez des choses, avez une nature misérabiliste.
- Votre pensée est peu nuancée ; vous voyez les autres soit comme des amis, soit comme des ennemis.
- Vous souffrez de constipation.
- Vous vous sentez fréquemment déprimé.
- Vous êtes obsédé par la sécurité physique.
- Vous êtes préoccupé par la routine et la peur du changement.
- Vous souffrez de troubles obsessionnels compulsifs.

QUAND L'ÉNERGIE DU MULADHARA EST DÉFICIENTE

- Vous tendez à être craintif.
- Vous êtes indiscipliné, agité, avez constamment envie de changement.
- Vous êtres trop maigre, planez ou n'êtes pas ancré.
- Vous avez du mal à garder un emploi.
- Vous êtes incapable de vous engager ou de garder une relation saine.
- Vous vous sentez déconnecté de votre corps.
- Vous vivez dans un monde imaginaire et vous évadez souvent dans d'autres activités.

EXERCICE ÉNERGÉTIQUE

Équilibrer l'énergie du muladhara

Dans la vie, il est important d'être ancré et équilibré. Quoi que vous fassiez, faites-le avec une extrême assurance. L'équilibre exige de la force intérieure et de l'équanimité. Être équilibré suscite d'autres questions, par exemple : "Comment est-ce que je peux m'ancrer sans me bloquer?" et "Comment est-ce que je peux bâtir une fondation ferme sans que ma vie soit figée?"

La plupart des gens constatent que certaines parties de leur corps sont fortes, d'autres, plus faibles. L'équilibre est basé sur l'égalité et exige que vous fortifiiez vos faiblesses tout en éliminant les tensions.

Se tenir sur la terre pleinement conscient

Vous pouvez pratiquer cet exercice quotidiennement, même dans une file d'attente ou sur un quai de gare. Il permet à votre mental et à votre corps de se reconnecter à l'énergie du muladhara chakra.

1. Tenez-vous debout, pieds parallèles écartés de la largeur des hanches. Les talons sont exactement en dessous des hanches. Fermez les yeux et répartissez lentement et également votre poids sur vos pieds.

2. Notez si vous tendez à vous appuyer davantage sur les talons ou sur les orteils. Oscillez doucement en avant et en arrière jusqu'à ce que votre centre d'équilibre soit placé directement au milieu de vos voûtes plantaires.

3. Passez ensuite votre poids sur le bord interne de chaque pied, puis sur le bord externe. Assurez-vous que toutes les parties de vos pieds portent le même poids. Percevez l'extrémité de chaque orteil et assurez-vous que tous poussent fermement contre le sol.

④ Percevez votre tibia pousser contre le sol. Gardez les genoux droits, sans les bloquer. Percevez les os de votre cuisse poussant en arrière quand votre coccyx avance. Rentrez les côtes flottantes.

⑤ Rapprochez légèrement les omoplates, pour que votre sternum s'élève un peu. Gardez la tête droite, menton parallèle au sol, et respirez rythmiquement. Tenez-vous aussi droit que possible, comme si une ficelle invisible tirait votre corps vers le ciel. Réalisez qu'au moment où votre corps est fermement enraciné, votre mental se sent plus libre.

⑥ Maintenant que votre posture physique est ancrée, commencez à la comparer aux divers problèmes de votre vie. Posez-vous la question : "Où suis-je dans la vie ?"

Si votre posture est déséquilibrée, une ligne descendant du centre de votre crâne passera à travers votre épaule, légèrement derrière l'articulation de la hanche, un peu devant l'articulation du genou et à travers vos voûtes plantaires.

Relations du muladhara

Votre chakra racine peut être comparé à une antenne qui envoie et reçoit constamment des informations énergétiques liées à votre survie physique et à votre sentiment de sécurité. Vous avez commencé ce genre de communication avec les autres bien avant d'être capable de penser en mots ou en concepts.

Lorsque vous vous liez aux autres, les interactions du muladhara tendent à être concernées par la richesse, la nourriture et l'ancrage. Par exemple, les associés d'une entreprise rentable se connecteront probablement (inconsciemment) à travers leurs chakras racine quand ils parlent argent. Cependant, quand ils discutent de leur "vision" pour l'entreprise, ils feront bien d'impliquer aussi l'ajna chakra.

La connexion entre parent et enfant est instinctive et se rapporte à l'énergie du muladhara chakra.

Lorsque vous marchez la nuit dans une rue sombre, il se peut que votre antenne muladhara reçoive des signaux de danger. Si cela arrive, il est souvent utile de prendre quelques respirations profondes d'ancrage qui vous fourniront une fondation solide.

Connexions instinctives

En tant que jeune enfant, votre connexion énergétique avec votre mère passait surtout par votre muladhara chakra, principal canal fournissant les informations instinctives nécessaires à la survie. Il est probable que la connexion entre votre mère et vous n'était pas uniquement nourricière via le chakra racine, mais aussi affectueuse via le chakra du cœur.

La plupart de vos perceptions basiques du monde et de votre place dans la société n'ont probablement pas été apprises, mais ont été reçues sous forme énergétique via votre muladhara chakra. Pour avoir une meilleure compréhension de cette communication instinctive, essayez de compléter rapidement la phrase suivante, sans réfléchir: "Tous les membres de ma famille/communauté/personnes qui vivent dans la maison sont...".

Si vous êtes parent, grand-parent ou soignant, vous pouvez consolider votre relation énergétique à travers le muladhara chakra en visualisant un courant de lumière dorée liant la base de votre colonne vertébrale à celle de votre enfant, petit-enfant ou patient. Cette lumière est très protectrice à des époques de danger et lors des situations stressantes.

CONNEXION ÉNERGÉTIQUE PROTECTRICE ET AFFECTUEUSE

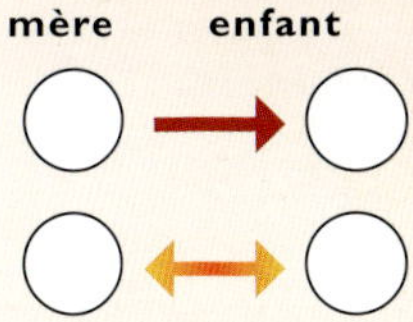

L'amour maternel reçu à travers l'anahata chakra (chakra du cœur)

Connexion énergétique protectrice au muladhara chakra (chakra racine)

Méditations sur muladhara

La méditation sur votre muladhara chakra écarte l'idée que vous pouvez tirer un bonheur durable de tout ce qui est en un état solide. Elle vous permet de maîtriser les envies de votre odorat. Vous devenez capable d'abandonner ce dont votre corps n'a plus besoin – et ce que vous ne voulez plus dans votre vie. Vous devenez capable de laisser aller les pensées et les émotions négatives. Votre corps et votre mental se débarrassent de toute paresse, mais gardent l'ancrage.

Affirmations

Agenouillez-vous, genoux et pieds joints. Si vous préférez, asseyez-vous en tailleur ou même sur une chaise, pieds à plat sur le sol. Soyez conscient de la traction de la gravité et de ses effets sur votre corps. Placez le dos de vos mains sur vos cuisses dans la mudra de la terre : joignez le bout de l'annulaire et du pouce de chaque main, en gardant les autres doigts détendus. Répétez mentalement l'une des affirmations suivantes :

- Je suis exactement là où je dois être.
- Je suis protégé par l'énergie de la terre.
- Mon corps me soutient avec sa force.

Si vous sentez le besoin de vous asseoir sur une chaise pour la méditation, placez vos pieds sur le plancher et ancrez-vous.

Méditation en marchant

En sentant le sol sous vos pieds, vous commencez à comprendre la terre, l'élément du muladhara chakra. Cette méditation en marchant peut être pratiquée seul ou en groupe. Vous pouvez choisir de marcher en ligne droite ou en cercle. Soyez parfaitement conscient de chaque pas. En groupe, maintenez une longueur de bras entre vous et la personne qui vous précède.

La méditation en marchant est mieux effectuée pieds nus sur le sol, mais peut aussi être pratiquée dans la maison. Observez tout votre corps impliqué dans l'action. Voyez comment chaque genou fléchit, se lève puis se tend. Soyez conscient du mouvement de vos chevilles, hanches, colonne vertébrale et épaules. Ramenez votre attention à la plante de vos pieds et à leur interaction avec la terre.

1. Les yeux mi-clos, fixez le sol à quelque 60 cm devant vos pieds. Placez votre main gauche sur la main droite à hauteur de la taille, paumes tournées vers le haut.

2. Commencez à marcher rythmiquement, à petits pas lents. Concentrez toute votre attention sur le mouvement.

3. Accordez chaque pas à votre respiration. Inspirez en levant très lentement le pied. Faites-le avancer d'au maximum 8 à 10 cm et expirez en l'abaissant vers le sol. Quand le pied touche le sol, sentez-le s'enraciner profondément.

Pour la mudra de la terre, joignez le bout de votre annulaire au bout de votre pouce ; détendez les autres doigts. Cette mudra accroît la stabilité de votre corps et aide à écarter la faiblesse physique.

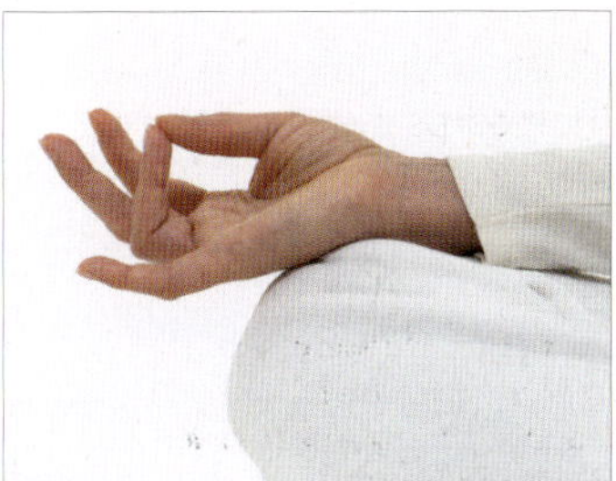

Travailler avec muladhara

Le chakra racine ancre votre existence physique et connecte votre corps au système énergétique de la terre. Pour une croissance saine, l'énergie doit circuler correctement et librement à travers le muladhara chakra. Si vous n'avez pas de connexion avec la terre, votre santé et votre bien-être physiques risquent de se détériorer.

Vajrasana – L'Éclair

1. Agenouillez-vous sur le sol, fesses reposant sur vos talons.
2. Gardez les pieds joints ; les genoux sont joints ou légèrement écartés, selon votre préférence. Reposez légèrement les mains sur vos cuisses. Sentez que vous vous enracinez fermement, puisant stabilité et force dans le sol. Faites particulièrement attention à la traction de la gravité et à ses effets sur votre corps. Avec de la pratique, vous sentirez une lourdeur agréable qui devient un sentiment de stabilité et calme. Restez ainsi aussi longtemps que vous vous sentez à l'aise.

Balasana – L'Enfant

1. Commencez en vous asseyant sur vos talons dans le vajrasana.
2. Inclinez-vous en avant jusqu'à ce que votre front touche le sol. Si votre corps est raidi quand vous tentez ce mouvement, placez un coussin devant vos genoux pour y poser le front. Placez vos mains, paumes tournées vers le haut, sur le sol, de part et d'autre de vos pieds. Vous devez vous affaisser dans la posture. Restez ainsi aussi longtemps que vous vous sentez à l'aise.

Ardho-mukhshwanasana – Chien museau vers le bas

1. Commencez à quatre pattes. Recroquevillez vos orteils et redressez lentement les genoux.

Vajrasana
– L'Éclair

Balasana
– L'Enfant

Ardho-mukhshwanasana
– Chien museau vers le bas

Padagushtasana
– Flexion debout en avant

Trikonasana
– Le Triangle

② Élevez les hanches et rapprochez la poitrine des cuisses autant que possible. Maintenez au minimum 30 secondes, augmentant cette durée jusqu'à 3 minutes.

Padagushtasana – Flexion debout en avant

① Tenez-vous debout, les pieds légèrement écartés. Inspirez en levant les bras près de vos oreilles, en gardant les coudes droits.

② Expirez en vous penchant en avant aussi bas que possible. Gardez les genoux tendus et attrapez vos chevilles ou la face postérieure de vos mollets. Respirez en restant en position, votre poids sur l'avant des pieds. Élevez vos hanches aussi haut que possible. Maintenez pendant 10 secondes, allant progressivement jusqu'à 1 minute.

Trikonasana – Le Triangle

① Écartez vos pieds d'une largeur dépassant celle des épaules. Ramenez vos bras tendus sur vos côtés à hauteur d'épaule, parallèles au sol, paumes tournées vers le bas.

② Tournez votre pied gauche en dehors selon un angle de 90 degrés et votre pied droit en dedans selon un angle de 45 degrés. En gardant vos bras en ligne avec vos épaules, étirez la cage thoracique vers la gauche. Abaissez la main gauche et posez-la sur votre jambe gauche. Si vous ne pouvez pas atteindre la cheville, attrapez le tibia ou la cuisse. Respirez profondément et maintenez la posture pendant 10 secondes, allant progressivement jusqu'à 30 secondes.

③ Relâchez la posture et répétez le Triangle sur l'autre côté.

Utkatasana – La Chaise

① (Voir image à la page 99.) Tenez-vous debout, pieds écartés de 15 cm parallèles l'un à l'autre. Regardez un point juste devant vous. Ramenez vos bras tendus devant vous à hauteur d'épaule, parallèles au plancher, paumes tournées vers le bas.

② En gardant vos talons sur le sol autant que possible, fléchissez les genoux comme si vous étiez sur le point de vous asseoir sur une chaise. Concentrez-vous sur votre respiration en maintenant la position pendant au minimum 10 secondes.

③ Inclinez-vous un peu en arrière comme si vous essayiez de vous asseoir un peu plus. Gardez la poitrine élevée autant que possible et rentrez le coccyx. Maintenez la posture de 10 à 30 secondes.

④ Quittez la posture et détendez-vous pendant un moment. Répétez de deux à cinq fois.

Viradhadrasana – Le Guerrier

① Tenez-vous debout, pieds largement écartés, bras tendus. Tournez votre pied gauche en dehors, votre pied droit, légèrement en dedans. Fléchissez lentement le genou gauche, le gardant en ligne avec votre pied. Regardez votre main gauche, sans vous pencher vers elle.

② Remenez votre corps au centre et répétez la posture sur l'autre côté. Essayez de la maintenir pendant 10 secondes sur chaque côté, allant progressivement jusqu'à 1 minute.

Vrikshasana – L'Arbre

① Tenez-vous debout, pieds légèrement écartés ; fléchissez votre genou droit et placez votre pied droit à plat sur l'intérieur de votre cuisse gauche. Joignez les paumes au niveau de la poitrine.

② Redressez les coudes et tendez vos bras vers le haut, doigts pointant vers le ciel.

Autres mouvements pour muladhara

Accroupissements, marche à croupetons, "marche de l'éléphant" (pas lourds avec le corps penché et les bras oscillant pour imiter la trompe de l'éléphant), marche détendue.

Viradhadrasana
– Le Guerrier

Vrikshasana
– L'Arbre

Utkatasana
– La Chaise

लं
बं
वं
रं
भं
यं
मं

CHAPITRE CINQ

Le swadhisthana chakra

"La méditation sur le lotus pur, appelé Swadhisthana, vous libère du contrôle de vos ennemis tels que l'égoïsme, l'ignorance, la convoitise et la cupidité."

Sat-Cakra-Nirupana, verset 18

PRÉSENTATION

Le swadhisthana chakra

Le swadhisthana chakra est associé aux instincts créatifs et aux pulsions agréables. Lorsque son énergie est équilibrée et libre, la fluidité et la grâce sont présentes dans la vie et on peut accepter le changement et s'y adapter. Le chakra sacré est le siège de l'instinct de procréation. Il n'est pas forcément concerné par la survie individuelle, mais davantage par la gratification. Son pouvoir se trouve dans l'accomplissement de soi, le contraire de l'énergie égocentrique du muladhara.

Symbolisée par l'élément eau, l'énergie du swadhisthana permet de bouger et de changer. Elle concerne l'équilibre dans la vie et la capacité de s'engager dans un échange équilibré avec les autres.

En maintenant l'équilibre de l'énergie du swadhisthana, on est plus à l'aise avec soi-même, on arrive à donner son énergie aux autres, mais aussi à admettre que ses besoins sont eux aussi importants.

Fonctions curatives

Situé au centre de la région du bas du dos, le swadhisthana chakra gouverne les éléments liquides du corps – sang, lymphe, larmes, urine, salive. Il est responsable du maintien des fluides du corps et de la viscosité du sang. Lorsque l'énergie du chakra sacré est déséquilibrée, les problèmes rénaux, urinaires ou reproductifs apparaissent et on a du mal à exprimer physiquement ses émotions.

BÉNÉFICES DU SWADHISTHANA

- Accroît la vitalité, la sensibilité et les facultés créatives
- Exprime les émotions de manière saine
- Rend plus confiant et capable de s'exprimer

L'eau et sa fluidité de mouvement décrivent le mieux l'énergie du swadhisthana chakra.

EMPLACEMENT

Région sacrée ; milieu du bas du dos

MOTS-CLÉS

Humide, fluide, flexible, courant, changeant, imprévisible, instable, eau, rêves, plaisir, amusement, contentement, culpabilité, "larmes de crocodile", abandon, lotus, instinct, goût. Associations souvent perçues en termes de goût : "savourer la sensation".

ASPIRATIONS

Connexion avec le courant de la vie, bonheur, aisance avec soi-même, droit au bonheur et au plaisir dans la vie

TRAVAIL AVEC SWADHISTHANA

Augmente la capacité à surmonter les sentiments de culpabilité, de honte et de manque de mérite

ACCROÎT

Circulation et flexibilité

Utiliser le swadhisthana chakra

Travailler avec l'énergie du swadhisthana chakra aide à accroître la vitalité, la sensibilité et les facultés créatives et de plus rend plus attirant physiquement et sexuellement.

Équilibrer l'énergie du swadhisthana améliore la capacité à exprimer ses émotions de manières saines. Si vous avez des tendances à l'addiction, cette énergie équilibrée vous inspirera même à suivre un programme en douze étapes, ou, si vous le suivez déjà, à vous en impliquer davantage.

Lorsque l'énergie du swadhisthana chakra est libre et vibre sur un plan approprié, vous vous sentez plus confiant et plus capable de vous exprimer sans craindre le rejet. Vous n'avez pas à recourir à la manipulation émotionnelle. Quand vous utilisez des expressions associées au goût, comme "rêves doux", "expériences amères" ou "personne aigrie", vous véhiculez probablement l'énergie du swadhisthana chakra dans votre vie quotidienne.

Varuna, dieu des eaux, est associé à l'énergie fluide du swadhisthana chakra. Il est souvent représenté montant un animal mythologique, le makara.

Lorsque vous travaillez avec l'énergie du swadhisthana

- Vous vous sentez bloqué dans la vie.
- Vous devez avancer, mais n'arrivez pas à vous débarrasser des émotions négatives ou des attachements malsains à des personnes ou des situations particulières.
- Le moment est venu d'abandonner l'idée de tourner la page dans des relations qui ne seront probablement jamais totalement réglées.
- Vous aimeriez créer plus de flexibilité dans votre vie.
- Vous avez envie de "goûter" davantage ce que la vie offre.
- Vous vous sentez sexuellement bloqué ou honteux des fonctions corporelles.
- Vous aimeriez surmonter vos préoccupations quant à la honte, à la jalousie et à la convoitise.
- Vous êtes prêt à procéder avec courage à votre inventaire moral.
- Vous réalisez que le moment est venu de mettre fin aux manipulations sexuelles et émotionnelles qui ne sont pas des moyens sains d'obtenir ce que vous voulez.

JOURNAL DU SWADHISTHANA – QUESTIONS SUGGÉRÉES

- Est-ce que je me crois indigne d'être heureux?
- Comment est-ce que j'exprime mes opinions quant au rôle des genres?
- Suis-je bloqué dans ma vie en général? Mon emploi est-il en cause?
- Est-ce que je peux maintenir des relations durables et saines avec autrui?
- Suis-je capable d'établir des frontières personnelles saines?
- Comment est-ce que je peux m'ouvrir aux changements positifs sans perdre mon équilibre intérieur?
- Je peux apprécier la vie? Comment éviter la dépendance du plaisir?
- Suis-je frustré en tenant de réaliser mes rêves?
- À quel point mes plans d'avenir sont réalistes?

Élément et énergie symboliques

Lorsque vous travaillez avec l'énergie du swadhisthana, vous êtes plus capable de laisser aller les choses, les relations et les situations devenues obsolètes ou qui n'exercent plus une influence bénéfique sur votre vie. Ce courant créatif, positif, est symbolisé par divers aspects du chakra.

Signification du nom : *swa* = votre nature essentielle ; *swad* = doux ; *sthana* = place, résidence. Le nom de ce chakra peut être traduit par "votre demeure" – ou le "lieu doux", autrement dit, votre centre du plaisir. C'est le domaine de "swapna", l'état onirique, la demeure des illusions.

Position : deuxième à partir du chakra le plus bas ; dans la région sacrée du bas de votre dos

Modèle de rayonnement énergétique : lotus à six pétales

Élément : eau = matière liquide

Forme géométrique représentant l'eau : cercle bleu pâle, enfermant un croissant de lune

Symbolisme de l'élément : flexibilité, fluidité, adaptivité

Mantra (son germe) de l'élément : VAM

Objectifs : satisfaction personnelle, sexualité saine, mouvement, plaisir, équilibre émotionnel, créativité physique, amour physique

Âge du développement : de 6 mois à 2 ans

Conscience : devenir conscient des autres ; commencer à bouger autour du monde

Énergie féminine : Rakini, la gardienne à deux têtes du swadhisthana chakra, détient la clé du maintien d'un équilibre sain entre stabilité et fluidité. Elle vous permet d'abandonner les fantasmes tout en entretenant vos rêves. Son visage est beau et inspirant si vous exaucez vos désirs avec modération, mais effrayant si vous êtes l'esclave de vos passions.

Gardien masculin : Varuna, dieu des eaux, contrôle le légendaire nectar d'immortalité, ainsi que le sang porteur de vie. Le collet dans sa main symbolise son contrôle sur la nature animale.

Animal : makara – créature mythologique ressemblant à un crocodile à queue de poisson. Le makara représente la vigueur essentielle de votre corps – comme dans la médecine chinoise, l'énergie rénale est votre force et endurance basiques.

Émotions positives : sensibilité, idéalisme

Émotions négatives : culpabilité, blâme, luxure, honte, trahison, jalousie, envie, perversions sexuelles, manipulation, fourberie, exhibition d'émotions factices genre "larmes de crocodile"

Sens dominant : goût

Activité essentielle : reproduction – l'énergie fondamentale de la créativité

Aspect de la force de vie qui siège au swadhisthana chakra : apana, l'énergie qui vous permet de faire venir à l'existence un enfant, un projet ou une œuvre d'art

Travailler avec le swadhisthana chakra vous offre un nouvel aperçu quant à l'équilibre de vos émotions.

MÉDITATION

Méditer sur swadhisthana yantra

① Placez une image du chakra sur votre table de méditation, légèrement en dessous du niveau des yeux.

② Asseyez-vous dans votre position préférée de méditation, yeux fermés. Assurez-vous que votre corps est bien droit, mais détendu.

③ Prenez quelques respirations longues et profondes, pleinement conscientes, jusqu'à ce que votre souffle soit calme et lent. Sur chaque expiration, sentez que toute négativité, fatigue, stress et impureté quitte votre corps.

④ Lorsque vous êtes prêt, entrouvrez les yeux. Fixez du regard le coin supérieur droit du yantra. Votre regard suit la circonférence de l'image dans le sens des aiguilles d'une montre.

⑤ Notez les six pétales rouge foncé inscrits de lettres sanskrites. Ils représentent les défauts dont la méditation sur le swadhisthana yantra vous aidera à vous débarrasser : indulgence excessive, absence de pitié, autodestruction, fantasme, dédain, suspicion.

⑥ Après un moment, laissez vos yeux tourner lentement dans une spirale vers l'intérieur. Vous verrez un makara, créature mythologique ressemblant à un crocodile à queue de poisson. Le makara porte sur son dos un cercle bleu pâle dont le bas renferme un croissant de lune. C'est le symbole de l'eau, l'élément du swadhisthana – et de la lune qui contrôle les eaux. À l'intérieur du cercle est inscrite la lettre sanskrite "VAM", le mantra de Varuna, dieu des eaux.

⑦ Vous finirez par vous retrouver au centre du yantra. Essayez de maintenir là votre concentration, de préférence sur le bindu, centre énergétique du yantra, point placé au-dessus de la lettre sanskrite formant le germe du mantra.

वं
लं
बं
भं
मं
यं
रं

Déséquilibres du swadhisthana

Lorsque l'énergie de votre swadhisthana chakra est équilibrée et circule librement, vous acceptez le changement sans vous y opposer et "suivez le courant". Au contraire de l'idée populaire, travailler avec le chakra sacré ne concerne pas la consolidation de votre sexualité. Pour que le swadhisthana soit pleinement ouvert et équilibré, votre pulsion sexuelle doit être sublimée en une force de conscience. Ouvrir le chakra sacré concerne davantage l'abandon de la culpabilité et de la frustration, ainsi que la capacité de profiter des incertitudes de la vie.

Quoi chercher

Vous connaissez la culpabilité, la jalousie et l'impatience. Vous pouvez être affligé d'un mal chronique du bas du dos ou de sciatique. Si vous êtes une femme, vous êtes susceptible de souffrir de fréquents troubles gynécologiques, douleurs pelviennes, rénales ou vésicales. Les hommes et les femmes présentant des déséquilibres du swadhisthana chakra présentent souvent des troubles sexuels comme l'impuissance ou la stérilité. Vous pouvez être trop possessif ou vous accrocher excessivement à vos relations.

Causes possibles de déséquilibre

Souvent, les traumatismes causant le déséquilibre sont liés à la sexualité : vie sexuelle trop précoce, abus sexuel, inceste, viol, avortement. Le déséquilibre peut aussi être le résultat de la négligence dans l'enfance, du rejet, du mauvais traitement émotionnel et/ou de la manipulation émotionnelle.

Vous venez peut-être d'une famille qui rejette le plaisir par conviction religieuse, qui abuse de l'alcool ou qui tient pour normale la maltraitance physique et psychologique.

QUAND L'ÉNERGIE DU SWADHISTHANA EST EXCESSIVE

- Rien ne semble assez bon dans votre vie.
- Votre sexualité peut être confuse, sauf si l'énergie excessive du swadhisthana est équilibrée par l'influence du chakra du cœur.
- Vous recourez souvent à la manipulation émotionnelle et sexuelle.
- Votre vie est en constant mouvement.
- Vous tendez à être excessivement émotif et sensible.
- Vous présentez une addiction au sexe, à la pornographie ou aux perversions sexuelles, au plaisir ou à l'excitation en général.
- Vous avez du mal à établir des frontières personnelles et laissez les autres envahir votre espace.

QUAND L'ÉNERGIE DU SWADHISTHANA EST DÉFICIENTE

- Vous êtes extrêmement introverti.
- Vous tendez à être déprimé.
- Vous ressentez une raideur excessive dans votre corps.
- Vous avez des attitudes rigides, des frontières inflexibles auto-imposées.
- Vous vous refusez même les plaisirs les plus minimes et craignez le sexe, ce qui est très différent de la pratique spirituelle d'une vie simple et du célibat. Vous pouvez être frigide ou impuissant.
- Vous craignez le changement et êtes incapable de voir comment votre vie pourrait s'améliorer.
- Vous ne faites pas preuve d'initiative ; on doit vous dire quoi faire.
- Vous êtes engourdi émotionnellement, pensez que vous ne méritez pas d'être heureux et que vous êtes incapable d'avoir du plaisir.

EXERCICE ÉNERGÉTIQUE

Équilibrer l'énergie du swadhisthana

Même quand vous faites attention à ne pas être trop ouvert, vous risquez d'absorber des énergies indésirables à travers le swadhisthana chakra. Cela peut arriver au travail, dans les transports, en marchant dans la rue ou dans tout endroit bondé. L'eau, l'élément de l'énergie du swadhisthana, vous aide à contrecarrer les effets négatifs des toxines énergétiques indésirables. Un bain assainissant les énergies s'avère souvent utile.

Le bain assainissant les énergies

Le principe de ce bain est de restaurer l'équilibre énergétique du swadhisthana, ainsi que de purifier votre corps en en extirpant les toxines – grâce à l'utilisation de sel marin ou de sulfate de magnésium. Pour un effet rafraîchissant, vous pouvez aussi ajouter 5 à 10 gouttes d'huiles essentielles équilibrant le swadhisthana :

- Le **cyprès** aide à suivre les nouveaux événements notables intervenus dans la vie : changement professionnel, décès d'un proche.
- L'**encens** aide à balayer les énergies obsolètes qui bloquent la croissance spirituelle si on prend un bain avec quelques gouttes avant de méditer. Il accroît la tranquillité et l'intuition.
- La **marjolaine** aide à écarter les sensations de culpabilité, émotion associée au swadhisthana chakra. Elle favorise aussi le célibat, si une telle prédisposition se manifeste.
- Le **patchouli** empêche de devenir trop rêveur durant la méditation ; il ramène dans le corps.
- La **sauge sclarée** favorise l'état méditatif que les Aborigènes australiens appellent le Temps du Rêve ; c'est le domaine de l'énergie du swadhisthana.

Versez environ deux tasses des sels choisis dans la baignoire. Immergez-vous dans le bain de 10 à 20 minutes pour éliminer l'excès d'énergie et de toxines et entretenir l'état sain du corps. Si vous préférez la douche, préparez votre propre gommage : 5 à 10 gouttes de l'huile essentielle préférée pour une tasse d'huile d'olive et une poignée des sels choisis. Frottez-vous le corps avec ce mélange, puis douchez-vous immédiatement afin d'éliminer les énergies indésirables.

Les sels naturels sont excellents en tant que purifiants énergétiques, spécialement s'ils sont utilisés de concert avec les huiles essentielles.

CONNEXIONS ÉNERGÉTIQUES

Relations du swadhisthana

Votre chakra sacré peut être comparé à une antenne qui reçoit et émet constamment des informations énergétiques concernant votre équilibre émotionnel et votre capacité d'adaptation, ainsi que votre savoir-faire quant à la créativité physique, au plaisir et à la sexualité.

Le swadhisthana chakra connecte aux autres à travers les sensations, les désirs et les impressions. Il permet de comprendre la communication non-verbale, non seulement avec autrui, mais aussi avec les animaux, les plantes et l'ensemble de la nature. Il rend conscient de la manière dont le monde régit à vos actions. À travers ce chakra, vous éprouvez de l'attirance ou de l'aversion physique.

Un mariage durable implique un échange d'énergies tant au swadhisthana chakra qu'à l'anahata chakra.

Le pouvoir instinctif, ou l'équilibre du pouvoir, est la base des relations du swadhisthana, susceptibles d'être exprimées sur un plan négatif en termes de sexualité, d'argent, de trahison ("poignarder dans le dos"), de viol et de besoin de vengeance. Un excès de feu peut exister dans la relation.

Il est important d'être capable de savoir quand ouvrir et quand fermer ce chakra. Vous avez envie de vous ouvrir émotionnellement quand vous êtes avec des amis ou des membres de votre famille ou vous ouvrir sexuellement avec votre partenaire, mais ne voulez certes pas faire montre de la même ouverture quand vous marchez dans une rue pleine de monde.

Forger une relation durable

Les amoureux se connectent sur le plan émotionnel ou instinctif. Une relation peut débuter avec l'homme agissant depuis le swadhisthana et la femme depuis l'anahata (chakra du cœur). Si cette énergie de la femme arrive à stimuler le chakra du cœur de l'homme, la relation peut durer très longtemps.

Un partenariat durable doit inclure un échange d'énergies aux chakras sacré et du cœur, autrement dit chaque partenaire se rapporte à l'autre de manière tant affective que sexuelle. Un tel partenariat a également besoin d'inclure les relations du muladhara chakra, afin de favoriser la gestion des finances et d'apporter stabilité à la famille.

UN ÉCHANGE D'ÉNERGIES

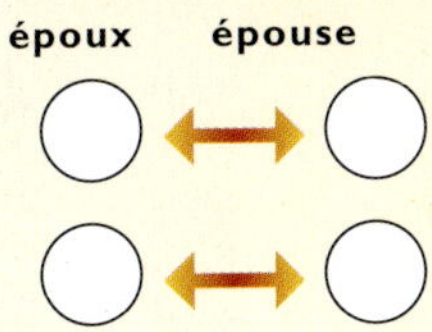

Échange d'énergie affective à l'anahata chakra (chakra du cœur)

Échange d'énergie sexuelle au swadhisthana chakra (chakra sacré)

Méditations sur swadhisthana

La méditation sur votre swadhisthana chakra écarte l'idée que vous pouvez obtenir un bonheur durable de tout ce qui se trouve dans un état liquide. Vous élargissez votre maîtrise sur votre sens du goût et domptez vos six ennemis : convoitise, colère, cupidité, orgueil, envie et égotisme. Le corps et le mental deviennent souples, adaptables et purs.

Pratiquez les méditations suivantes assis dans une position confortable de méditation. Ne vous allongez pas, car vous risquez de vous assoupir. Posez le dos de vos mains sur vos cuisses dans la mudra de l'eau : joignez le bout de l'auriculaire et du pouce de chaque main et détendez les autres doigts.

Affirmations

Répétez mentalement l'une des affirmations suivantes :

- Avec la plus grande grâce, je m'adapte à ma situation dans la vie.
- Je m'abandonne à l'énergie divine.
- Mon mental est toujours équilibré.
- Je me réjouis quand d'autres réussissent ; je ne suis pas jaloux et envieux.
- Je fais bon accueil aux changements sains de ma vie.

Visualisez votre mental comme un lac

1. Asseyez-vous dans une position confortable de méditation. Fermez les yeux. Respirez doucement par les narines, lèvres serrées. Considérez que votre mental est un lac.

2. Imaginez qu'on a laissé tomber dans ce lac un beau diamant. Laissez votre respiration devenir peu à peu plus superficielle, jusqu'à ce qu'elle effleure à peine le bout de vos narines. Ainsi, votre respiration ne fait naître aucune ride sur la surface du lac.

3 À mesure que votre respiration s'apaise, votre mental se calme aussi. Concentrez maintenant votre attention pour tenter d'apercevoir le diamant sous l'eau.

4 Si votre mental erre, ramenez-le à ce point de concentration.

5 Si d'autres pensées émergent dans votre mental, n'essayez pas de les écarter. Plus vous essayerez, plus elles reviendront et gagneront de la force, sapant votre énergie. Traitez avec indifférence les autres choses prenant place dans votre mental et concentrez-vous uniquement sur le diamant. Les autres pensées se dissiperont progressivement.

6 Quand la surface des eaux est calme, vous pouvez voir clairement le fond du lac. Si la surface est agitée par les vagues, c'est impossible. Le même est valable pour votre mental. Quand il est calme, vous éprouverez une profonde paix intérieure.

La mudra de l'eau favorise l'équilibre de cet élément dans votre corps. Elle aide à rétablir l'hydratation de votre peau et d'autres organes.

Travailler avec swadhisthana

L'énergie du chakra sacré permet de se sentir à l'aise dans la vie. Elle confère souplesse de mouvement, malléabilité mentale, adaptation à son environnement. Les postures de yoga accroissant la flexibilité des hanches et du bassin favorisent la circulation de cette énergie.

Janu-sirshasana – Flexion en avant sur une seule jambe

1. Asseyez-vous sur le sol, jambes tendues devant vous. Fléchissez votre genou gauche et placez le pied gauche à plat contre l'intérieur de votre cuisse droite. Abaissez le genou gauche vers le sol aussi loin que vous le pouvez sans forcer. Gardez le genou droit tendu.

2. Inspirez en levant les bras au-dessus de votre tête.

3. Expirez en vous penchant en avant depuis les hanches. Saisissez votre pied droit et rapprochez votre sternum de la cuisse droite. Respirez profondément en maintenant de 10 à 30 secondes, puis inspirez en vous étirant et en revenant à la position de départ.

4. Répétez sur l'autre côté du corps.

Badha-konasana – posture à la plante des pieds jointe

1. Asseyez-vous sur le sol, fléchissez les genoux et joignez la plante de vos pieds. Tombez les genoux sur les côtés et placez-les sur le sol.
2. Maintenez vos pieds joints avec vos mains, en abaissant lentement votre poitrine vers vos pieds. Restez ainsi de 10 à 30 secondes.

Chandrasana – Croissant de lune à genoux

1. Mettez-vous à quatre pattes, genoux et pieds joints. Placez votre pied droit à plat sur le sol devant vous. Joignez vos paumes au niveau de la poitrine.

2. Redressez les coudes, les étirant en avant et en arrière. Arquez le corps, paumes à plat. Maintenez de 10 à 30 secondes.

Janu-sirshasana
– Flexion en avant
sur une seule jambe

Badha-konasana
– posture à la plante
des pieds jointe

Chandrasana
– Croissant de lune
à genoux

③ Revenez à la position de départ et répétez sur l'autre côté.

Kalikasana – Accroupissement de la déesse

Tenez-vous debout, pieds écartés de 1 m. Tournez les orteils en dehors à 45 degrés. Fléchissez les genoux et accroupissez-vous autant que possible, dos droit, coccyx rentré. Gardez les genoux en ligne avec les pieds. Joignez les paumes au niveau de la poitrine, poussant en dehors vos genoux avec vos coudes. Maintenez de 30 à 60 secondes.

Matsyasana – Le Poisson

① Allongez-vous à plat sur le dos, jambes tendues. Joignez les jambes. Placez vos mains sous vos cuisses.

② Fléchissez vos coudes, les poussant contre le sol. Arquez la poitrine vers le haut et placez doucement le sommet de votre tête sur le plancher. Maintenez, poids reposant principalement sur vos coudes. Respirez aussi profondément que possible, en imaginant que vos côtes s'ouvrent pour tirer dans le corps l'oxygène et le prana. Maintenez pendant environ 30 secondes, puis allez jusqu'à 2 minutes.

③ Pour quitter la position, levez légèrement la tête et faites-la glisser en arrière en abaissant le haut de votre corps vers le sol.

Sethu-bandhasana – Le Pont

① Allongez-vous sur le dos, genoux fléchis et pieds à plat sur le plancher, parallèles et écartés de la largeur des hanches.

② Élevez vos hanches aussi haut que possible. Placez vos mains à plat sur votre dos, doigts pointant vers la colonne vertébrale, pouces vers le plafond. Maintenez la posture de 10 à 30 secondes. Abaissez-vous et détendez-vous un moment. Répétez deux à trois fois.

Autres mouvements pour swadhisthana

Ouverture des hanches, natation, hula-hoop, danse du ventre

Kalikasana
– Accroupissement
de la déesse

Matsyasana
– Le Poisson

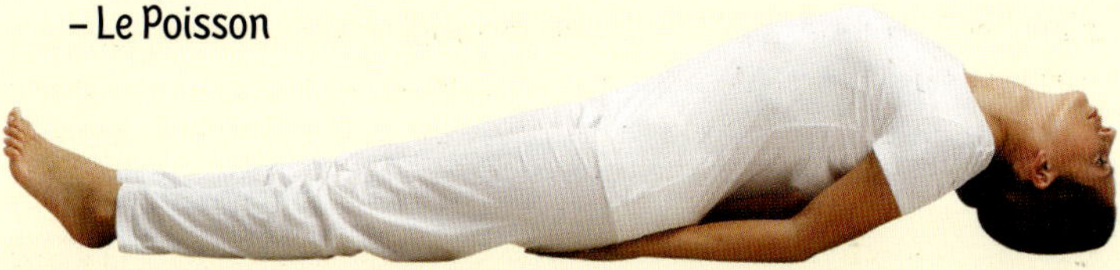

Sethu-bandhasana
– Le Pont

रं
डं
ढं
णं
तं
थं
दं
धं
नं
पं
फं

CHAPITRE SIX

Le manipura chakra

"Tout comme le soleil rayonne en permanence de l'énergie vers les planètes, manipura chakra rayonne et distribue l'énergie pranique à travers l'ensemble de la charpente humaine, régularisant et énergisant l'activité des divers organes, systèmes et processus de la vie."

Swami Satyananda Saraswati, *Kundalini Tantra*

Le manipura chakra

Le chakra du plexus solaire fournit le pouvoir transformateur permettant au corps et au mental de traiter la matière et l'énergie. Il convertit ce qu'on absorbe – aliments ou idées – en une forme plus utilisable. Il abrite le bien le plus précieux, le moi. C'est le siège de la personnalité et du charisme ; la qualité de son fonctionnement détermine la manière dont on voit le monde.

L'élément de ce chakra est le feu. Comme le soleil, le feu confère vie à tout ce qui existe sur la terre. Sans chaleur, le corps ne serait pas vivant. Dans la tradition indienne, le mariage prend place devant le feu, qui en est le témoin. Lors de cette cérémonie, les flammes transforment les offrandes et les prières et véhiculent leur essence jusqu'aux dieux. Le feu est le messager et le conduit entre les dimensions, l'interface entre le monde physique et les états supérieurs.

Fonctions curatives

Situé dans la région du plexus solaire, le manipura chakra est la base de ce que l'ayurvéda appelle "feu digestif". La digestion est le processus par lequel le corps change la matière en énergie utilisable et prend place lors de toute activité entraînant l'emploi de l'énergie. Le fonctionnement du système digestif et des muscles est censé être contrôlé par le manipura chakra.

BÉNÉFICES DU MANIPURA

- Établit des frontières saines
- Fortifie la volonté et l'assurance
- Connecte à son pouvoir et permet de le comprendre
- Améliore la digestion et le métabolisme
- Stimule l'endurance, mais aide aussi à savoir quand abandonner

Dans la tradition indienne, l'élément feu du manipura chakra est le témoin des occasions importantes telles que le mariage.

EMPLACEMENT

Plexus solaire ; la région juste au-dessous de la cage thoracique et sous le nombril.

MOTS-CLÉS

Feu, chaleur, lumière, transformation, assimilation, digestion, faim, messager, témoin, proactivité, bastion du corps, forteresse, centre de pouvoir, volonté, pouvoir personnel, chargement en pouvoir, ambition, honneur, intégrité, charisme, vue, rayonnement, animation, excitation, courage, indépendance, passion

ASPIRATIONS

Revigore les autres chakras, ainsi que le corps et le mental

TRAVAIL AVEC MANIPURA

Confère la force de transformer la vie, permettant de "tourner la page"

ACCROÎT

Respect de soi, autodiscipline, autonomie

Utiliser le manipura chakra

Travailler avec l'énergie de votre manipura chakra vous aidera à établir des frontières saines dans la vie et à consolider votre volonté et votre assurance, accroissant par là votre capacité à tenir ferme pour ce qui vous semble juste.

Vous accorder au manipura chakra vous permet de vous connecter à la nature de votre pouvoir personnel et la comprendre. Cela vous donne la force de commander avec autorité, ainsi que d'organiser et de gérer votre vie avec plus de succès.

Sur le plan physique, travailler avec le manipura chakra améliore la digestion, le métabolisme et l'assimilation des nutriments vitaux. Votre mental et votre corps tendent à devenir rayonnants, conférant un éclat sain à votre peau et à vos yeux. L'immunité naturelle s'accroît, conduisant à une meilleure santé et à une vie longue et productive. Équilibrer l'énergie du manipura stimule l'endurance, de même que la capacité à savoir quand le moment est venu d'abandonner.

Lorsque vous travaillez avec l'énergie du manipura

- Vous notez que vous vous excusez trop souvent.
- Vous tendez à être docile, trop modeste et effacé.
- Vous êtes enclin à imposer vos idées aux autres. Vous pouvez être une personne "passive-agressive", qui contrôle les autres tout en donnant l'impression d'être peu exigeante.
- Vous atermoyez fréquemment.
- Vous avez l'impression d'être victime de votre situation.
- Vous avez besoin de caféine ou de stimulants pour "bouger".
- Vous avez de plus en plus de mal à soigner votre bien-être.
- Vous souffrez d'épuisement nerveux.

Agni, le dieu du feu, est représenté ici montant un bélier, animal qui symbolise le manipura chakra.

JOURNAL DU MANIPURA – QUESTIONS SUGGÉRÉES

- Quelle est la chose de ma vie qui m'épuise le plus?
- Pourquoi est-ce que je laisse les autres épuiser mon énergie?
- Comment est-ce que je me "vois" moi-même?
- Ai-je tendance à être une personne coléreuse et irritable?
- Ai-je du mal avec les représentants de l'autorité?
- Me suis-je parfois senti impuissant?
- Mon bonheur est-il réellement entre les mains des autres?
- Comment transformer mes doutes et mes peurs en énergie positive?
- Quelles grandes choses pourrais-je réaliser en étant plus enthousiaste?
- De quelle manière mes allergies/intolérances alimentaire sont-elles liées à ma confiance en moi?

Élément et énergie symboliques

La transformation personnelle implique une prise de risques. Travailler avec l'énergie du manipura confère le pouvoir de développer le courage nécessaire pour affronter les défis de la vie et assumer la responsabilité personnelle quant au résultat. Cette formidable leçon est symbolisée par les éléments représentant le manipura chakra.

Signification du nom: mani = joyau éclatant; pura = cité

Position: troisième à partir du chakra le plus bas; région du plexus solaire

Modèle de rayonnement énergétique: lotus à 10 pétales

Élément: feu = matière rayonnante, chaleur, lumière

Forme géométrique représentant le feu: triangle rouge ardent pointe vers le haut

Symbolisme de l'élément: transformation

Mantra (son germe) de l'élément: RAM

Objectifs: autonomie, acceptation de son identité unique, image de soi saine

Âge du développement: de 18 mois à 4 ans

Conscience: se lier aux autres en tant qu'individu indépendant

Énergie féminine: Lakini scintille comme un joyau précieux. Son corps a la couleur de l'or fondu et ses bénédictions sont nécessaires pour réussir dans la vie – si vous avez l'envie et l'ambition d'accomplir vos objectifs.

Chacune des quatre mains de Lakini fait un geste symbolique différent. (1) La main tient le feu représentant la vie même, ainsi que la purification. (2) La paume est levée, bénédiction et injonction à être brave. (3) La main tient un éclair, représentant l'énergie de la nature. (4) La main tient une flèche, symbolisant l'élan nécessaire pour atteindre son objectif dans la vie. Au swadhisthana, votre objectif était le plaisir sensuel, au manipura, vous visez la liberté et l'autonomie personnelles.

Gardien masculin : Agni est le dieu et le gardien du feu. Il représente l'étincelle vitale présente chez tous les êtres animés. Il ne vieillit jamais et est immortel. Du mot "agni" vient le latin "ignis", racine des mots "ignition" et "initiation".

Agni est le feu qui digère la nourriture. Il est le feu du soleil et de l'éclair. Les étoiles sont des étincelles de la flamme d'Agni. C'est "avoir le feu sacré" – enthousiasme pour la réalisation des choses.

Animal : bélier ou bouc – bête fière et souvent hargneuse, qui charge la vie tête la première

Émotions positives : pulsion, consécration, endurance, persévérance, décision ferme, fierté pour le travail bien fait, autodiscipline

Émotions négatives : colère, rage, amertume, vanité, orgueil, ressentiment, intérêt pour la magie noire, obstination

Sens dominant : vue

Activité essentielle : transport – mouvement de vos muscles

Aspect de la force de vie qui siège au manipura chakra : samana – l'énergie qui vous permet de digérer/traiter ce que vous absorbez (aliments, air ou idées)

Travailler avec le manipura chakra vous donne de nouveaux aperçus quant à votre image de vous-même.

MÉDITATION

Méditer sur manipura yantra

① Placez une image du manipura chakra sur votre table de méditation, légèrement en dessous du niveau des yeux. Asseyez-vous devant elle, dans votre position préférée de méditation, yeux fermés. Prenez quelques respirations longues et profondes, pleinement conscientes.

② Lorsque vous êtes prêt, fixez du regard le coin supérieur droit du yantra. Votre regard suit le pourtour de l'image dans le sens des aiguilles d'une montre.

③ Notez les 10 pétales violet foncé inscrits de mantras sanskrits représentant des défauts dont la méditation sur ce yantra vous aidera à vous débarrasser (honte, traîtrise, jalousie, soif, ignorance spirituelle, tristesse, illusion, dégoût, bêtise, peur) :

- DAM DHAM NAM – prononcé avec la langue contre le palais.
- TAM THAM DAM DHAM – la langue contre les dents.
- NAM PAM PHAM – vous utilisez vos lèvres pour émettre le son.

④ Après un certain temps, laissez vos yeux suivre lentement une spirale allant vers l'intérieur. Vous y verrez un bélier, animal très agressif qui cherche toujours la bagarre. Il représente la nature ardente du manipura chakra. Sur son dos, le bélier porte le triangle rouge flamme pointe vers le bas, le symbole du feu, l'élément du manipura.

Notez que le triangle a trois "coins" – qui peuvent aussi être tenus pour des portails vers l'essence du yantra ou des anses d'un chaudron. Dans ce triangle, apparaît la lettre sanskrite "RAM", le mantra d'Agni, gardien du feu.

⑤ Vous êtes maintenant au centre énergétique du yantra. Essayez d'y maintenir votre concentration, de préférence sur le bindu, point placé au-dessus de la grande lettre sanskrite.

डं
ढं
णं
तं
थं
दं
धं
नं
पं
फं
रं

Déséquilibres du manipura

Lorsque l'énergie du manipura chakra est équilibrée et circule librement, vous avez confiance en vous. Vous êtes spontané, dynamique, et vous vous réjouissez de vous connecter à l'univers, tout en connaissant la place particulière que vous occupez en lui.

Le manipura chakra est lié à la volonté, au pouvoir personnel et au respect de soi. Son énergie permet d'établir des frontières personnelles raisonnables, ainsi que de maintenir un bon sens de l'honneur et de l'intégrité.

Quoi chercher

La colère, la rage, la vanité excessive, l'amertume et le ressentiment sont tous des expressions des déséquilibres ou des blocages énergétiques du manipura chakra. L'énergie de ces émotions négatives est emmagasinée dans la région du plexus solaire, souvent pendant des années. Cela arrive à chaque fois que vous êtes irrité par des choses insignifiantes, que vous vous mettez facilement en colère ou résistez avec stoïcisme à toute expression extérieure.

Causes possibles de déséquilibre

Les traumatismes suscitant les blocages ou les déséquilibres énergétiques au manipura chakra sont souvent liés au sentiment de pouvoir personnel. Peut-être avez-vous eu un parent ou un maître dominateur – peut-être avez-vous été victime de brutalités ou d'humiliations et servi de bouc émissaire. Peut-être avez-vous été obligé d'assumer des responsabilités inappropriées pour votre âge ou, à un certain moment de votre vie, quelqu'un a tenté de vous briser ou de vous déshumaniser. Les déséquilibres de l'énergie du manipura peuvent être le résultat de tout ce qui vous a incité à perdre confiance en vous ou à penser que d'autres contrôlaient votre vie.

QUAND L'ÉNERGIE DU MANIPURA EST EXCESSIVE

- Vous tendez à être individualiste à outrance.
- Vous tendez à être intolérant, insensible et à porter des jugements.
- Vous êtes fréquemment coléreux et irritable.
- Vous avez du mal avec les personnages représentant l'autorité.
- Vous tendez à être égocentrique, agressif, constamment actif.
- Vous êtes enclin à des crises de colère et des éclats violents.
- Vous voulez contrôler les autres et aimez avoir le dernier mot.
- L'incapacité à comprendre la nature de votre pouvoir conduit souvent à sa mauvaise utilisation, même à des tendances sadiques.
- Vous êtes trop compétitif et ne savez pas quand abandonner.
- Vous souffrez de troubles digestifs, brûlures d'estomac ou ulcère.

QUAND L'ÉNERGIE DU MANIPURA EST DÉFICIENTE

- Vous n'avez pas de "feu sacré" ou d'enthousiasme, pas d'ambition ou de pulsion ; l'énergie pour mettre vos idées en pratique vous manque.
- Vous tendez à être velléitaire, passif, sans confiance en vous. Votre respect pour vous-même est bas, vous avez une mauvaise image de vous-même et du mal à établir des frontières personnelles raisonnables.
- Vous vous sentez souvent impuissant, indigent ; mentalité de victime.
- Vous avez du mal à assumer la responsabilité de votre santé et tendez à abandonner votre pouvoir personnel aux autres.
- Vous préférez souvent atermoyer.
- Vous manquez d'endurance.
- Vous avez régulièrement besoin de stimulants, comme la caféine.
- Vous avez besoin de l'approbation des autres et vous inquiétez de ce qu'"ils" penseront.

EXERCICE ÉNERGÉTIQUE

Équilibrer l'énergie du manipura

Lorsque votre feu digestif, qui siège dans la région de votre plexus solaire, est fort et équilibré, vous digérez bien votre nourriture, absorbez beaucoup d'énergie vitale de l'air que vous respirez et entretenez une relation sagace avec le monde qui vous entoure. Inversement, en cas de blocage, vous êtes plus vulnérable aux affections chroniques et aux déséquilibres psychologiques.

Jeûner pendant une semaine en buvant uniquement des jus peut vous aider à rééquilibrer l'énergie de votre manipura chakra. Une journée seulement avec des jus vous fera profiter de l'un des agents curatifs les plus notables de la nature, améliorant la santé et la vigueur et laissant le système digestif de se reposer – votre corps se purifiera lui-même.

Le jeûne aux jus allège le corps et le mental et abaisse les mécanismes de défense de l'ego, de sorte que vous êtes ouvert à l'inspiration positive. Il prépare le corps et le mental à l'absorption des vibrations énergétiques supérieures et à une conscience plus plénière. Ce jeûne aide à développer des attitudes saines de confiance en soi, de volonté et de détermination mentale.

Jeûne hebdomadaire aux jus

Mieux vaut choisir un jour où vous ne devez pas travailler et où vous pouvez être aussi tranquille que possible, peut-être le week-end. Vous reprenez votre alimentation normale le lendemain.

Buvez 2 à 3 litres de jus fraîchement préparé au cours de la journée de jeûne. Si vous préparez vous-même vos jus, n'utilisez pas plus de trois fruits ou légumes à la fois. Ne mélangez pas fruits et légumes dans le même jus. Les carottes, la racine fraîche de gingembre et le chou sont particulièrement utiles pour stimuler la purification et l'équilibration de l'énergie du manipura. N'utilisez pas de fruits charnus comme la banane ou l'avocat.

Ne consommez pas d'aliments solides, de produits lactés, de caféine ou de boissons gazeuses durant le jeûne. Évitez le thé et le café, préférez les tisanes, spécialement la menthe poivrée. Buvez beaucoup d'eau pour nettoyer votre organisme. Si vous avez mal à la tête ou de la nausée, buvez de l'eau chaude avec un zeste de citron.

Pratiquez une activité paisible, méditez et essayez de rester concentré intérieurement. Pratiquez des asanas de yoga et des exercices de respiration pour accroître les bénéfices du jeûne.

Avertissement : Ne tentez aucune sorte de jeûne en cas de grossesse, de trouble du comportement alimentaire actuel ou ancien, d'anémie. Consultez votre médecin si vous avez le moindre doute.

La pratique régulière du jeûne avec de l'eau ou des jus nettoie le corps physique et aide à équilibrer l'énergie du manipura chakra.

Relations du manipura

Lorsque l'énergie du manipura est équilibrée et circule sans entrave, les gens sont instinctivement attirés vers vous. Ils sentent que vous êtes une personne forte, mais sensible, très intègre. Toutefois, vous devez faire attention à ce que les gens ne se lient pas à vous par désir que vous vous occupiez d'eux ou leur disiez quoi faire.

Le plexus solaire est le centre physique de votre corps, votre point d'équilibre gravitationnel. Pour la tradition taoïste, manipura est le "hara" – le centre de contrôle, de pouvoir et de force. C'est l'"antenne" énergétique que vous utilisez le plus souvent pour vous connecter aux autres lors des relations informelles et professionnelles.

C'est au manipura chakra que vous emmagasinez la plupart de votre fardeau émotionnel. Une autre personne peut (en connaissance

Un courant sain d'énergie au manipura chakra intensifie toutes les relations interpersonnelles.

de cause ou par inadvertance) susciter une réaction disproportionnée.

Le manipura chakra est aussi le siège de vos "sensations viscérales". C'est le chakra sur lequel s'appuient le plus de nombreux entrepreneurs et hommes d'affaires. Il peut fonctionner "trop" bien chez des joueurs ou des escrocs jouissant d'une chance insolente.

Problèmes des relations du manipura

Un plexus solaire trop ouvert signifie que vous absorbez excessivement les sensations et les émotions des autres. Étroitement fermé, il rendra difficile, voire impossible, l'empathie envers les autres. Quand votre énergie est bloquée au manipura, vous ressentez de la frustration, de la colère et de la rage.

La plupart des familles à problèmes se connectent via l'énergie erratique et/ou bloquée du manipura. Les disputes deviennent un mode de comportement normal. Il est important que vous soyez conscient de la présence de telles habitudes et convictions absorbées dans l'enfance. Par exemple, si votre famille considérait inacceptable d'exprimer la peur ou d'éprouver du plaisir, un blocage énergétique a pu être suscité entre le manipura et le swadhisthana/muladhara chakra, vous incitant à exprimer ces sentiments avec colère.

Les personnes qui veulent vous contrôler ou vous exploiter tentent de se connecter au plexus solaire. Ce chakra a besoin d'un maximum d'attention et d'équilibre. Certains ont tellement de charisme qu'ils arrivent à vous faire ouvrir ce chakra à leur négativité, faisant perdre confiance en vous et diminuant votre respect envers vous-même.

RELATION SAINE DE TRAVAIL

Communication au vishuddha chakra (chakra de la gorge)

Flux mutuel d'énergie au manipura chakra (chakra du plexus solaire)

Méditations sur manipura

La méditation sur le manipura chakra libère du besoin de l'approbation des autres. Il permet de devenir calme, confiant, et se fier à ses ressources intérieures. Il accroît l'appréciation de la beauté de nature et permet d'éprouver un sentiment de plus grande connexion avec les autres et l'univers. Votre mental et votre corps deviennent rayonnants, conférant un éclat sain à votre peau et à vos yeux.

Affirmations

Répétez mentalement une ou plusieurs des affirmations suivantes :

- J'offre mes défauts au feu de la transformation.
- Mon enthousiasme me permet d'accomplir des prouesses.
- J'affirme mon pouvoir personnel et j'assume la responsabilité pour tous les domaines de ma vie.
- Mon appétit sain d'aventure me permet de digérer avec joie les défis de la vie.
- Ma relation avec les autres est riche en courage, en ouverture et en confiance.

La méditation pour transformer la colère

Répétez régulièrement cette méditation, jusqu'à ce que vous deveniez conscient de la modification positive de votre comportement. Vous n'êtes plus irrité quand vous devez affronter des situations qui précédemment vous auraient mis en colère. Vous éprouvez plutôt de l'empathie, connexion énergétique positive au niveau du plexus solaire.

1 Asseyez-vous dans une position confortable de méditation – ne vous allongez pas. Fermez les yeux et respirez doucement par les narines. Reposez vos mains dans votre giron, dans la mudra du feu

(voir illustration) en serrant le poing droit. Relâchez votre pouce, pour qu'il pointe vers le haut. Posez la main droite sur la gauche, dans votre giron ou sur votre cuisse.

2 Commencez votre méditation en vous souvenant d'un incident qui vous a énervé ou mis en colère. Par exemple, lorsque vous étiez en retard et deviez vous garer, quelqu'un vous a pris la place que vous veniez de trouver. Soyez conscient de ces sensations.

3 Revivez l'incident une ou deux fois. Suscitez une image mentale, mais ne vous plongez pas dedans.

4 Changez légèrement l'image. Voyez-vous dans la même situation, mais gardant votre calme. Laissez consciemment aller votre colère.

5 Maintenez cette image mentale positive. Rejouez-la plusieurs fois dans votre mental.

La méditation utilisant la mudra du feu aide à maintenir un niveau sain de chaleur dans votre corps et vos fonctions corporelles, telles que la digestion.

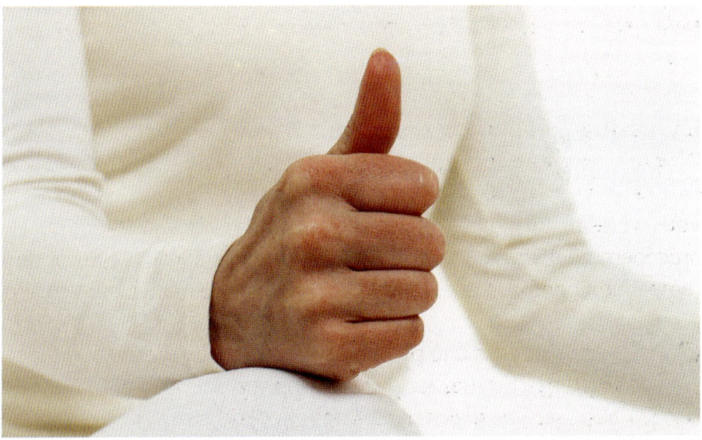

Travailler avec manipura

Le chakra du plexus solaire vous permet d'assimiler tout ce que la vie offre. C'est le "volant" qui entraîne toutes les autres roues énergétiques et les fait fonctionner sans à-coups.

Il correspond dans les grandes lignes au concept taoïste du hara, très important pour les arts martiaux comme le tai chi, l'aïkido et le qi gong, ainsi que pour la médecine chinoise traditionnelle. Il fournit un point focal à de nombreuses techniques de respiration et de méditation, en plus d'être le centre physique de l'équilibre et de la gravité.

Jathara parivritti – Torsion abdominale incliné

1. Allongez-vous à plat sur le dos, jambes jointes. Fléchissez les genoux et ramenez-les vers la poitrine. Étreignez vos genoux quelques secondes, en respirant aussi profondément que possible.

2. Lorsque vous êtes prêt, tendez votre bras gauche à plat sur le sol, en ligne avec l'épaule gauche, paume tournée vers le bas.

3. Tendez votre bras droit à plat sur le sol, en ligne avec l'épaule droite, et tournez-vous vers la droite, jusqu'à ce que vos genoux arrivent aussi près du plancher que possible. Assurez-vous que vos épaules restent sur le sol. Tournez la tête et regardez votre main gauche, toujours tendue à hauteur d'épaule. Maintenez la posture pendant 5 à 10 respirations.

4. Revenez au centre et répétez sur l'autre côté du corps.

Ardha-matsyendrasana – Demi-torsion spinale assis

1. Agenouillez-vous, assis sur vos talons. Abaissez les hanches vers le plancher, à gauche de vos pieds.

2. En gardant le genou droit (le plus haut) fléchi, placez le pied droit à plat sur le plancher, devant le genou gauche.

3. Tendez vers le haut votre bras gauche ; ramenez-le autour de votre genou droit. Maintenez la cheville droite de la main gauche. Si

Jathara parivritti
– Torsion abdominale incliné

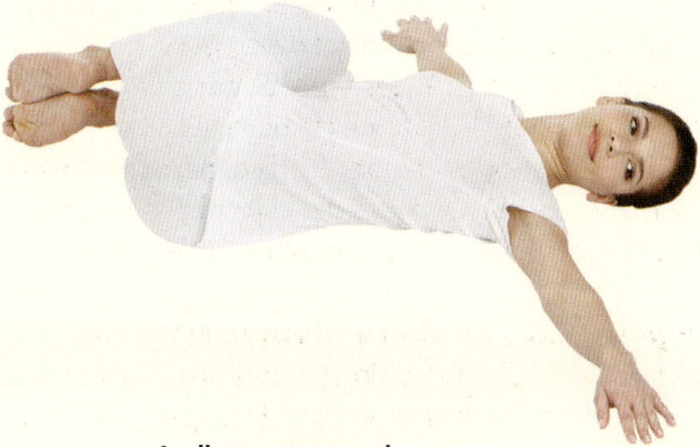

Ardha-matsyendrasana
– Demi-torsion spinale assis

vous ne pouvez pas l'atteindre, attrapez le genou gauche (le genou posé sur le sol). Regardez par-dessus votre épaule droite. Respirez profondément en maintenant cette posture de 10 à 30 secondes. Sur chaque expiration, sentez que vous allez plus loin.

4 Relâchez la position et répétez-la sur l'autre côté du corps.

Parivritta trikonasana – Triangle inversé

1 Tenez-vous debout, pieds écartés d'un peu plus que la largeur des épaules, parallèles, orteils pointant droit devant. Tendez les bras latéralement à hauteur d'épaule, coudes droits.

2 Tournez le haut du corps vers la droite, depuis la taille. Placez votre main gauche sur le plancher devant votre pied droit. Utilisez un bloc si vous avez du mal à prendre cette position.

3 Tendez votre bras droit vers le haut et levez les yeux vers la main droite, dont les doigts pointent vers le plafond. Maintenez la posture au minimum 10 secondes, passant progressivement à 30 secondes.

4 Levez-vous et répétez la posture sur l'autre côté du corps.

Parivritta utkatasana – Torsion difficile assis

1 Asseyez-vous sur vos talons, genoux et pieds joints. Joignez les paumes à plat devant votre sternum.

2 En gardant vos fesses sur les talons, tournez le haut du corps vers la gauche. Abaissez le coude droit sur votre genou gauche. Maintenez cette position de 10 à 30 secondes.

3 Revenez au centre et répétez sur l'autre côté du corps.

4 Une variante avancée de cette posture pose le coude sur le sol devant le genou opposé.

Autres mouvements pour manipura

Uddhyana bandha, danser le twist, danse soufie, redressements, rire

Parivritta trikonasana
– Triangle inversé

Parivritta utkatasana
– Torsion difficile assis

कं
खं
गं
घं
ङं
चं
छं
जं
झं
ञं
टं
ठं
यं

CHAPITRE SEPT

L'anahata chakra

"Dans le cœur il y a un lotus éclatant,
doté de splendeur divine."

Siva Samhita, 3.1

PRÉSENTATION

L'anahata chakra

L'anahata chakra est le centre énergétique du corps subtil. C'est l'un des plus puissants liens entre les domaines physique et spirituel. Il transmue les vibrations élevées des trois chakras supérieurs en formes plus rudimentaires, susceptibles de se manifester sur le plan physique. Il permet la descente de l'énergie, transformant la conscience en matière. Simultanément, il convertit l'énergie des chakras inférieurs en l'énergie plus subtile, des pensées et de l'inspiration. C'est le chakra le plus complexe, le plus connu et peut-être le plus difficile à comprendre.

Votre chakra du cœur permet d'exprimer l'amour altruiste et la compassion. Il rend capable d'accepter ce que la vie peut offrir. Avec chaque souffle, les poumons aspirent l'air, l'élément de ce chakra. L'"air" symbolise toute matière à l'état gazeux. L'énergie d'anahata ne refoule ni ne tente de nier les émotions des chakras inférieurs. Elle les sublime, afin qu'on puisse les exprimer de manière altruiste et sans retenue : aimer pour le plaisir d'aimer.

Fonctions curatives

Le chakra du cœur gouverne les systèmes respiratoire et circulatoire. L'asthme, la bronchite et le cancer du poumon peuvent être liés à l'énergie d'anahata, tout comme la douleur des côtes, du haut du dos, des épaules, de la poitrine, des vertèbres thoraciques. Chez la femme, ce chakra est lié à la santé mammaire.

BÉNÉFICES D'ANAHATA

- Trouver l'équilibre émotionnel
- Fortifier le penchant pour les activités "centrées sur le cœur"
- Pardonner à ceux qui vous ont fait du mal
- Laisser aller la négativité

Vayu, le dieu de l'air et des vents, est représenté montant une antilope, animal censé d'être plus rapide que le vent.

EMPLACEMENT

Milieu de la poitrine ; région thoracique

MOTS-CLÉS

Air, gaz, respiration, expansion, toucher, contentement, paix, compassion, enthousiasme, gentillesse, amour, joie, cœur, équilibre, équanimité, dévotion, bhakti, karma yoga, service altruiste, grâce, gratitude, engagement, courage, générosité, passion, sincérité, fierté, pitié

ASPIRATIONS

Considérer les sentiments des autres, aimer et être aimé

TRAVAIL AVEC ANAHATA

Aide à façonner des relations altruistes

ACCROÎT

Acceptation de soi, empathie, compassion

Utiliser l'anahata chakra

Travailler avec l'énergie d'anahata chakra aide à trouver l'équilibre émotionnel dans la vie. Ce chakra permet de laisser aller le stress et la négativité et fortifiera la capacité à former et à maintenir un partenariat affectueux – ou autres activités "centrées sur le cœur".

Vous accorder à l'énergie du chakra du cœur vous permet de pardonner à ceux qui vous ont fait du mal ou vous ont rabaissé. Pardonner ne veut pas dire oublier ou ignorer une injustice, mais observer et traiter une expérience sans s'y impliquer. Grâce à une pratique régulière, ce processus vous épargne beaucoup de souffrance émotionnelle.

Sur le plan physique, l'élimination de la négativité améliore votre modèle respiratoire et votre circulation. Elle aide à vous libérer des problèmes liés au stress, dont l'hypertension.

Lorsque vous travaillez avec l'énergie d'anahata

- Vous réalisez que vous tendez à porter des jugements excessifs sur vous-même.
- Vous aimeriez développer plus de compassion.
- Vous notez combien il est difficile d'accepter quoi que ce soit avec grâce, même les compliments.
- Vous percevez un déséquilibre dans votre vie : vous êtes toujours celui qui donne et sert les autres, la réciprocité étant très rare ou inexistante.
- Vous avez désespérément envie d'un partenariat affectueux, mais êtes incapable de vous engager ou de le maintenir.
- Vous souffrez de problèmes respiratoires chroniques, comme l'asthme.
- Vous avez subi un deuil récent.

JOURNAL D'ANAHATA – QUESTIONS SUGGÉRÉES

- À quel point est-ce que je peux exprimer mes sentiments "du cœur"?
- Que faire pour initier une guérison profonde dans ma vie?
- Comment inclure les autres dans mon processus de guérison?
- Dois-je me tourner vers autrui pour satisfaire mes besoins émotionnels?
- Quelles relations "battant de l'aile" dois-je laisser aller?
- Que dois-je oublier afin d'être libre?
- Que dois-je me pardonner à moi-même?
- Ai-je tendance à reculer face à l'intimité émotionnelle?

Travailler avec l'anahata chakra vous aidera à développer une attitude de gentillesse affectueuse envers les personnes présentes dans votre vie.

Élément et énergie symboliques

Lorsque vous travaillez avec l'énergie d'anahata chakra, vous devenez capable de créer l'harmonie et l'équilibre dans tous les aspects de votre vie. Vous apprenez à vous pardonner à vous-même, ainsi qu'aux autres. Ces enseignements du centre du cœur sont symbolisés par ses divers aspects.

Signification du nom : anahata = inaudible – autrement dit, son subtil, non-physique. Ces sons sont distincts de ceux que vous entendez grâce à l'ouïe physique.

Position : quatrième depuis le chakra le plus bas ; la région thoracique, au milieu de la poitrine

Modèle de rayonnement énergétique : lotus à 12 pétales

Élément : air = matière gazeuse, vent

Forme géométrique représentant l'air : deux triangles équilatéraux superposés pour former une étoile à six branches

Symbolisme de l'élément : expansif dans la nature ; vous sentez l'air, mais ne le voyez pas

Mantra (son germe) de l'élément : YAM

Objectifs : amour altruiste, compassion, joie, équilibre, générosité, acceptation de soi-même

Âge du développement : 4 à 7 ans

Conscience : poser des questions ; sympathie pour les sentiments des autres ; développement de l'empathie

Énergie féminine : Kakini est la plus affectueuse et la plus utile des gardiens du chakra. Son énergie vous prépare à surmonter tous les obstacles et à développer le pouvoir de concentration intense. Elle tient dans ses quatre mains (1) une épée permettant de trancher les obstacles bloquant la montée de l'énergie ; (2) un bouclier protégeant des circonstances terrestres ; (3) un crâne, enjoignant de détachement de la fausse identification au corps physique ; (4) un trident, montrant qu'elle garde en équilibre les trois aspects de la nature.

Gardien masculin : Vayu, dieu de l'air et des vents, régularise la respiration et le prana du corps. Il est censé avoir développé la pratique yogique du pranayama et l'avoir enseignée à son fils Hanuman, le dieu singe, qui l'a confiée à l'humanité.

Vayu parcourt la terre et régit l'atmosphère. Il est assis sur une antilope ; on l'appelle souvent "le porteur des parfums".

Animal : antilope ou gazelle, animaux qui courent comme le vent. Parfois, une colombe (autre créature aérienne).

Émotions positives : soin, amour, don

Émotions négatives : chagrin, peine, tristesse, envie, cœur brisé

Sens dominant : toucher

Activité essentielle : travail manuel, dont la dactylographie ; éteinte. Le cœur contrôle aussi les chakras secondaires des mains.

Aspect de la force de vie qui siège à l'anahata chakra : vyana – l'énergie qui permet aux nutriments (provenant des aliments, de la respiration, des idées et de la beauté) d'être transportés là où ils sont nécessaires.

La forme géométrique de l'anahata chakra est composée de deux triangles équilatéraux superposés, symbolisant l'équilibre.

Méditer sur anahata yantra

① Placez une image de l'anahata chakra sur votre table de méditation, légèrement en dessous du niveau des yeux. Asseyez-vous dans une position méditative confortable et regardez l'image les yeux mi-clos.

② Regardez d'abord le coin supérieur droit du yantra. Votre regard suit lentement le pourtour de l'image, dans le sens des aiguilles d'une montre.

③ Observez les 12 pétales rouge brique inscrits de mantras sanskrits : KAM, DHAM, GAM, GHAM, NYAM, CHAM, CHHAM, JAM, JHAM, JNAM, TAM, THAM. Ces 12 mantras représentent les défauts dont la méditation sur l'anahata yantra vous aidera à vous débarrasser : convoitise, caractère frauduleux, indécision, repentir, désespoir, anxiété, envie, impartialité, arrogance, incompétence, discrimination, mépris.

④ Après plusieurs tours, laissez vos yeux suivre une spirale vers l'intérieur pour voir l'antilope ou la gazelle noire, animal qui est aussi agile que le vent et aussi agité que l'air. Sur son dos, l'antilope porte une étoile à six branches d'un gris fumé. Cette étoile-mandala est formée de deux triangles équilatéraux superposés. Le triangle pointe vers le haut est le symbole de Shiva, la conscience, l'énergie masculine, passive. Le triangle pointe vers le bas représente Shakti, l'énergie féminine créative, active. Votre chakra du cœur est le point de rencontre de ces deux courants.

Au centre de l'étoile se trouve le mantra "YAM", le son germe de Vayu, gardien esprit de l'air, l'élément de l'anahata chakra.

⑤ Vous êtes maintenant au centre énergétique du yantra. Essayez d'y maintenir votre concentration, de préférence sur le bindu, point placé au-dessus du "YAM".

यं
कं
खं
गं
घं
ङं
चं
छं
जं
झं
ञं
टं
ठं

Déséquilibres d'anahata

Lorsque l'énergie du chakra du cœur est équilibrée et circule sans entrave, on se sent rarement solitaire. On ne manque pas de capacité à pardonner, pas plus qu'on n'est dépourvu de compassion. Vous n'êtes pas le type de personne qui restera dans un mariage sans amour. Vous ne vous refuserez pas non plus les soins médicaux nécessaires ou la nourriture physique. Les personnes présentant des déséquilibres de leur chakra du cœur ont souvent un "cœur de pierre".

Quoi chercher

Chagrin, peine, jalousie, passivité, difficulté à donner et/ou à recevoir l'amour, solitude et dépression. Parmi les affections physiques signalant un déséquilibre de l'énergie d'anahata on trouve la respiration superficielle, la congestion pulmonaire, l'asthme, les affections pulmonaires, le cancer du sein, les pneumonies récurrentes, la mal chronique du haut du dos, l'hypertension et les troubles cardiaques.

Débloquer l'énergie d'anahata permet d'être compatissant et gentil. Les relations deviennent moins égoïstes ; la capacité de donner et de recevoir la gentillesse fait son apparition.

Causes possibles de déséquilibre

Vous pouvez souffrir d'une peine irrésolue – peut-être un proche est mort et vous n'avez pas pu le pleurer assez, peut-être que votre mariage (ou le mariage de vos parents) a pris fin lors d'un divorce douloureux. Vous pouvez avoir connu le rejet, la privation d'amour ou l'abandon. Peut-être avez-vous aimé une personne "de tout votre cœur" et elle vous a maltraité, physiquement ou émotionnellement. Souvent, les déséquilibres au chakra du cœur sont liés aux émotions ayant tenté de trouver une expression saine dans les chakras inférieurs, mais qui ont été déformées, car votre famille désapprouve les émotions et exige que vous les maîtrisiez.

QUAND L'ÉNERGIE D'ANAHATA EST EXCESSIVE

- Vous pouvez être impliqué dans une relation codépendante.
- Vous tendez à assumer les problèmes des autres.
- Les malheurs du monde vous affectent trop.
- Vous avez tendance à "suffoquer" vos enfants d'affection.
- Vous donnez trop et trop fréquemment, en négligeant souvent vos propres besoins.
- Vous tombez amoureux trop vite et êtes facilement blessé.
- Vous êtes "tête en l'air" – l'excès de désinvolture vous rend négligent.
- Vous avez du mal à rester fidèle aux choses.

QUAND L'ÉNERGIE D'ANAHATA EST DÉFICIENTE

- Vous vous sentez solitaire et isolé – même quand vous êtes physiquement en compagnie.
- Vous avez du mal à entretenir une relation saine et affectueuse – ou trouvez impossible de vous engager.
- Vous manquez de compassion envers les autres.
- Vous êtes amer et excessivement critique.
- Vous êtes un individu passif-agressif.
- Vous êtes égoïste et incapable de donner. Il vous est spécialement difficile de donner de votre personne.
- Vous êtes indigent avec votre énergie.
- Vous avez le "cœur lourd".

EXERCICE ÉNERGÉTIQUE

Équilibrer l'énergie d'anahata

Cette mudra aide à rééquilibrer l'énergie du chakra du cœur et stimule sa purification émotionnelle progressive. Pratiquez-la à chaque fois que vous vous sentez épuisé, exploité ou mal compris. Elle est spécialement utile à des moments de solitude et de désespoir. La mudra du lotus vous aide à vous ouvrir à la volonté divine et vous permet de recevoir ce dont vous avez réellement besoin. Si vous la pratiquez régulièrement, elle vous aidera à trouver l'amour inconditionnel, la bienveillance, la véritable affection et la communication affectueuse. Le lotus éclos représente l'ouverture du cœur. La fleur est fermement enracinée dans la "boue" des chakras inférieurs, mais s'élève obstinément vers la lumière – la connaissance des chakras supérieurs. Le lotus est un symbole de la beauté intérieure émergeant des ténèbres. Vous pouvez utiliser cette mudra de concert avec la méditation sur la gentillesse affectueuse (voir pages 160 et 161).

Mudra du lotus

1. Joignez vos paumes devant la poitrine, doigts à la verticale détendus.

2. En joignant le bout des doigts et la base des mains, fléchissez légèrement vos doigts et inclinez leurs jointures vers l'extérieur. Notez maintenant qu'ils ressemblent à un bouton de lotus.

3. En gardant joints le bout de l'auriculaire et le bord externe du pouce, écartez lentement et largement les autres doigts. Cela représente l'ouverture du chakra du cœur.

4. Prenez quatre à cinq respirations profondes en répétant mentalement l'affirmation : "J'ouvre mon cœur pour recevoir ce qui vient vers moi."

5. Ramenez lentement le bout de vos doigts en "bouton". Répétez plusieurs fois.

Mudra du lotus

2

3

Relations d'anahata

Lorsque l'énergie d'anahata est équilibrée et circule sans entrave, vous êtes capable de vous lier aux autres de manière altruiste. Vous nouez et entretenez des relations affectueuses, recevant et donnant de l'amour.

Le concept d'une personne affectueuse et généreuse, qui ne prend jamais rien pour elle n'est pas sain sur le plan énergétique. C'est comme si quelqu'un expire toujours, sans jamais prendre le temps d'inspirer. Après un moment, il ne lui reste plus d'air à expirer. Si vous êtes une personne qui donne toujours du fond du cœur mais se sent coupable de recevoir l'amour, il est peut-être important que vous preniez le temps de rétablir un équilibre mutuel dans vos relations.

Laisser aller

Votre anahata chakra vous permet de laisser aller, sans vous en accrocher, les relations qui n'existent plus. Lorsqu'un proche décède ou un amour s'achève, l'énergie de votre anahata chakra devient déséquilibrée. Vous donnez encore de l'énergie, mais comme il n'y a plus personne pour la recevoir et la retourner, elle se dissipe sans laisser de trace dans les airs.

Le chagrin est une expérience de vide intérieur. C'est important de vous accorder le temps et le droit de faire complètement votre deuil afin de rétablir la circulation saine d'énergie de votre anahata chakra.

Les relations impliquant l'énergie du chakra du cœur sont fortement liées à la capacité d'exprimer les émotions des chakras inférieurs. Si celles-ci sont déformées pour une quelconque raison, vous pouvez avoir du mal à nouer des relations amoureuses durables et saines. Peut-être venez-vous d'une famille ou d'une société mettant au ban l'expression ouverte des émotions et imposant le contrôle des sentiments. Cela affecte fortement l'expression et l'équilibre énergétique du chakra du cœur. Peut-être avez-vous été habitué dès l'enfance à toujours donner (comme la plupart des femmes) – ce qui épuise l'énergie d'anahata. Il n'est pas possible de toujours donner sans jamais recevoir, pas plus qu'on ne peut toujours expirer sans inspirer.

UN PARTENARIAT AFFECTUEUX ET SAIN

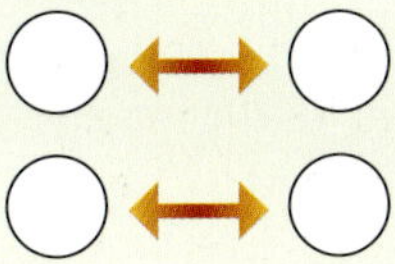

Communication au vishuddha chakra (chakra de la gorge)

Courant mutuel d'énergie à l'anahata chakra (chakra du cœur)

PERTE D'UN PROCHE AIMÉ

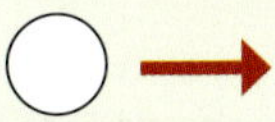

La mort d'un proche aimé ou la rupture d'une relation vous laisse vidé et étourdi ; il n'y a personne pour vous retourner votre énergie.

VOUS ÊTES UNE PERSONNE QUI DONNE TOUJOURS

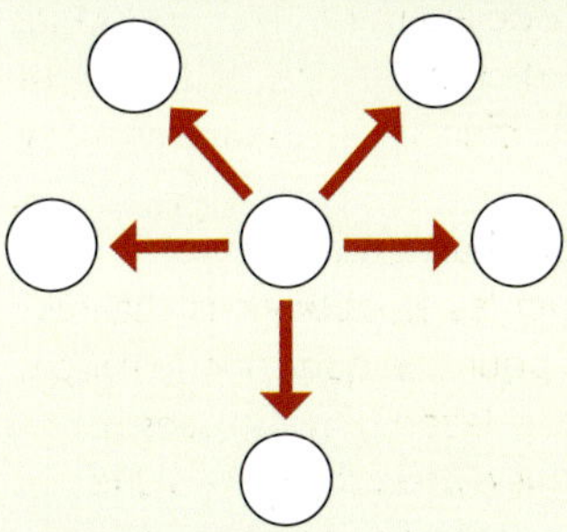

Le cercle central vous représente. Les cercles extérieurs peuvent représenter votre partenaire, vos enfants, vos parents, vos amis et/ou vos collègues de travail.

Méditations sur anahata

La méditation sur l'anahata chakra écarte l'idée que la matière à l'état gazeux (comme l'air) est tangible. Vous acquerez la maîtrise du toucher, du don et de la réception. Votre mental s'élargit.

Affirmations

Lorsque vous prévoyez un changement positif, répétez mentalement une ou plusieurs des affirmations suivantes :

- Je me pardonne.
- Je pardonne à [insérez le nom d'une personne qui vous a nui] et je suis reconnaissant pour la leçon qu'elle m'a enseignée
- Mon cœur est libéré des fardeaux inutiles.
- J'éprouve une grande joie et j'ai donc une grande énergie.
- Mon esprit est aussi infini et libre que l'air.

Méditation sur la gentillesse affectueuse

Si vous pratiquez régulièrement cette méditation simple mais puissante, les traumatismes anciens seront guéris. Si les souvenirs des chagrins passés émergent dans le mental, soyez gentil envers vous-même. Si vous le voulez, mettez fin à la méditation en répétant le mantra sanskrit "Lokah samasta sukhino bhavantu" ("Puissent tous les êtres de partout être heureux et libres.")

1 Asseyez-vous dans une position confortable de méditation. Fermez les yeux et amenez votre conscience au centre de votre poitrine. Prenez quelques respirations profondes, puis laissez votre souffle trouver son rythme naturel.

2 Visualisez votre cœur comme un bouton de rose. À mesure que vous vous concentrez dessus, le bouton s'ouvre peu à peu, en même temps que votre cœur. Notez la chaleur curative rayonnant de votre

chakra du cœur. Sentez-la instiller un sens de bien-être général dans chaque partie de votre corps.

3 Pour assister l'ouverture du cœur, répétez mentalement les phrases : "Puissé-je être heureux. Puissé-je être en bonne santé. Puissé-je vivre avec aisance. Puissé-je ne pas être malade." Il est important de commencer par l'autoguérison.

4 Lorsque vous êtes prêt, imaginez le visage d'une personne aimée, ami ou parent. Sentez sa présence et dirigez les paroles de gentillesse affectueuse vers elle. "Puisse [Insérez le nom] être heureux. Puisse [Insérez le nom] être en bonne santé."

5 Évoquez une personne qui, à votre connaissance, passe par une période difficile. Imaginez la chaleur de votre cœur rayonnant vers cette personne. Répétez mentalement, "Puisse [Insérez le nom] être heureux. Puisse [Insérez le nom] être en bonne santé. Puisse [Insérez le nom] vivre sans peine."

6 Pour finir, pensez à une personne que vous avez blessée. Sentez votre cœur lui envoyer de la compassion. Répétez mentalement "Puisse [Insérez le nom] être heureux. Puisse [Insérez le nom] être en bonne santé."

L'utilisation de la mudra du menton pour la méditation invite le calme et vous aide à vous accorder à une nouvelle conscience. Pour réaliser cette mudra, joignez le bout de votre pouce au bout de l'index en formant un cercle. Détendez les autres doigts.

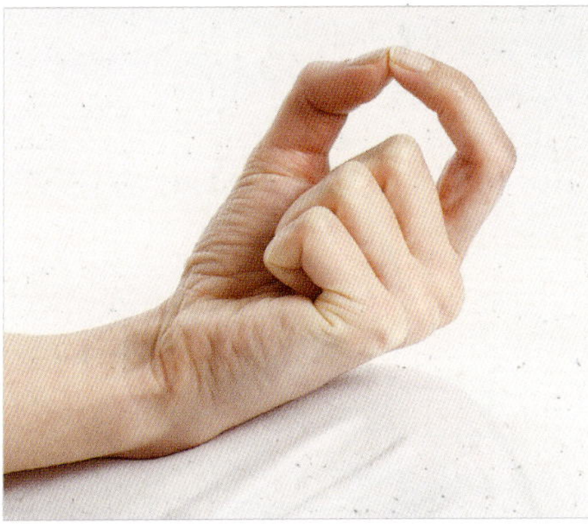

Travailler avec anahata

Le chakra du cœur est le centre énergétique du corps. Si l'inspiration et l'expiration ne sont pas équilibrées, vous aurez du mal à maintenir votre calme mental. Pareillement, bien qu'on vous ait dit "Mieux vaut donner que recevoir", il n'est pas possible de toujours donner. Vous devez recevoir de l'énergie si vous voulez être capable d'en donner.

Namaskar – La Prière

Joignez les paumes devant votre sternum, posture classique de la prière qui aide à centrer le corps et le mental. Dans la tradition indienne, cette posture est un geste d'accueil : "Mon âme rencontre votre âme".

Urdhva-mukhaswanasana – Chien museau vers le haut

① Allongez-vous sur le ventre, mains à plat sur le sol, sous les épaules.

② Tendez les bras, levant votre poitrine, vos hanches et vos jambes du sol jusqu'à reposer uniquement sur la pointe des pieds et le bout des doigts. Les genoux et les coudes doivent être tendus. Maintenez cette position de 10 à 30 secondes en respirant à fond.

Ustrasana – Le Chameau

① Asseyez-vous sur vos talons, genoux et pieds joints ; si nécessaire, écartez-les légèrement. Élevez votre corps jusqu'à être à genoux.

② Tendez la main droite en arrière et attrapez votre talon droit. Tendez ensuite la main gauche pour attraper votre talon gauche.

③ Laissez tomber la tête en arrière. Portez vos hanches aussi en avant que possible. Sentez votre poitrine s'arquer en montant. Respirez profondément en maintenant la posture pendant 10 secondes, allant progressivement jusqu'à 30 secondes. Abaissez-

Namaskar
– La Prière

Urdhva-mukhaswanasana
– Chien museau vers le haut

Ustrasana
– Le Chameau

vous et détendez-vous, front sur le sol. Répétez deux à trois fois.

Dhanruasana – L'Arc

① Allongez-vous sur le ventre, jambes écartées, genoux fléchis et pieds montants. Arquez-vous en arrière et attrapez vos chevilles.

② Gardez les coudes tendus. Inspirez en levant du sol la tête, la poitrine et les jambes. Levez les jambes autant que possible. Respirez et maintenez la position aussi longtemps que vous vous sentez à l'aise.

Avertissement : Ne tentez jamais l'Arc en cas de grossesse.

Chakrasana – La Roue

① Allongez-vous sur le dos, genoux fléchis, pieds à plat sur le sol parallèles l'un à l'autre et aussi proches des fesses que possible. Placez vos mains à plat sur le sol, en arrière des épaules, doigts pointant vers le corps.

② Élevez les hanches, puis la poitrine. Tendez les bras et arquez-vous en montant. Les mains et les pieds restent sur le sol. Respirez à fond en maintenant la position aussi longtemps que vous êtes à l'aise.

Gomukhasana – La Tête de vache

① Asseyez-vous sur les talons, genoux et pieds joints. Fléchissez le coude gauche et portez le bras derrière le dos. Fléchissez le coude droit et levez le bras, main pendante. Joignez vos mains derrière le dos. Si vous n'y parvenez pas, utilisez une courroie ou une serviette pour les joindre. Respirez en maintenant la posture de 10 à 30 secondes.

② Changez de bras et répétez sur l'autre côté du corps.

Autres mouvements pour anahata

Prières, exercices yogiques de respiration, actes aléatoires de gentillesse, service altruiste

Dhanruasana – L'Arc

Chakrasana – La Roue

Gomukhasana
– La Tête de vache

हं
अं
आं
इं
ईं
उं
ऊं
ऋं
ॠं
ऌं
ॡं
एं
ऐं
ओं
औं
अं
अः

CHAPITRE HUIT

Le vishuddha chakra

"À la base de la gorge
il y a le vishuddha chakra, où réside
la déesse de la parole."

Sir John Woodroffe, *La Puissance du serpent*

PRÉSENTATION

Le vishuddha chakra

Le vishuddha chakra est le centre de communication du corps subtil. Il permet d'écouter intensément, ainsi que de parler avec conviction. Si son énergie est déséquilibrée, il entrave la communication entre le cœur et le mental. Il peut bloquer les sentiments naissant dans le cœur. On ne pense pas proprement et on agit trop impulsivement ou irrationnellement. Lorsque le chakra de la gorge est ouvert, les idées, les espoirs et les rêves venant d'ajna chakra peuvent être "pris à cœur".

Au chakra de la gorge, l'énergie est celle du langage, pas celle des émotions. Vishuddha peut exprimer les bénédictions et les mots doux, mais aussi une négativité excessive si on se sent bloqué, de sorte qu'il est important de garder son énergie pure et ouverte.

Fonctions curatives

Dans le corps physique, le chakra de la gorge gouverne le cou, la gorge, l'œsophage, la thyroïde, les parathyroïdes, les cordes vocales, la trachée, les vertèbres cervicales, la bouche, les dents et les gencives, l'hypothalamus, les amygdales, les oreilles et l'appareil auditif. En tant que centre de communication, il donne énergie nécessaire pour entendre et parler. Quand son énergie est bloquée, maux de gorge, défauts d'élocution, troubles alimentaires, surdité, blocage de la mâchoire, déséquilibre thyroïdien sont souvent présents.

BÉNÉFICES DU VISHUDDHA

- Améliore la communication et la créativité
- Étaye les talents exercés en public : orateur, chanteur, danseur
- Développe la voix intérieure
- Rend plus expressifs la voix, le visage et le corps

Indra, roi des dieux, et l'éléphant qu'il monte, sont symboliques du vishuddha chakra.

EMPLACEMENT

Gorge

MOTS-CLÉS

Communication, voix, parole, silence, éther/akasha, ciel, espace, ouïe, talent artistique, créativité, imagination, innovation, gorge, éloquence, langage corporel, faim et soif

ASPIRATIONS

Communiquer les sentiments, s'exprimer de manières positives et saines, comprendre les autres

TRAVAIL AVEC VISHUDDHA

Développer les facultés créatives

ACCROÎT

Expression personnelle, écoute compatissante et communication profonde

Utiliser le vishuddha chakra

Travailler avec l'énergie du vishuddha chakra aide à améliorer les savoir-faire de communication et la créativité artistique. Cela offre une maîtrise aisée du langage et la capacité de versifier, de bien écouter, de comprendre les rêves et d'être un bon maître (spécialement un maître spirituel).

La communication implique autant l'écoute que la parole. Notez si vous écoutez à partir de votre ego (ajna), de vos émotions (anahata) ou des deux, bien équilibrés.

Libérer le chakra de la gorge peut impliquer une amélioration des savoir-faire de communication en parlant en public, en dansant, en chantant, en contant des histoires, en plus de développer la voix

La liberté d'expression qui se montre quand l'énergie de votre vishuddha chakra est équilibrée améliore tous les aspects de votre vie.

intérieure en tenant un journal ou en peignant. Sur le plan physique, travailler avec le chakra de la gorge confère une voix claire, forte et gentille et rend plus expressifs le visage et le corps.

Lorsque vous travaillez avec l'énergie du vishuddha

- Vous avez du mal à exprimer ce que vous savez/pensez être juste.
- Vous tendez à dominer les conversations.
- Quand vous êtes avec d'autres personnes, vous n'arrivez pas à trouver quoi que ce soit à dire, si bien que vous écoutez en silence.
- Votre expression personnelle vous paraît étouffée.
- Vous êtes enclin aux commérages.
- Vous souffrez d'un défaut d'élocution.
- Vous souffrez d'un trouble du comportement alimentaire.
- Vous êtes stressé.

JOURNAL DU VISHUDDHA – QUESTIONS SUGGÉRÉES

- Sur quels aspects de moi-même suis-je disposé à connaître la vérité ?
- Est-ce que je vis ma "vérité" ?
- Mes pensées, mes mots et mes actions sont-ils en accord ?
- Crains-je de parler franchement pour ne pas faire toute une histoire ?
- Est-ce que je tends à dominer les conversations ?
- Combien de fois est-ce que je ne tiens pas mes promesses (y compris en étant en retard à des rendez-vous) ?
- Me sers-je de mes paroles pour blesser ou donner du pouvoir à autrui ?
- À quel point mes motifs sont-ils transparents ?
- Exprimé-je souvent mes pensées ou sensations comme la "vérité" ?
- Quelle communication inachevée crée des obstacles dans ma vie ?

Élément et énergie symboliques

En travaillant avec l'énergie de votre chakra de la gorge, vous devenez plus capable de communiquer vos pensées, vos sensations, vos espoirs et vos rêves – et d'"entendre" ce que les autres ont à dire. Tout cela est symbolisé par les éléments du vishuddha chakra.

Signification du nom : vishuddha = pureté

Position : cinquième à partir du chakra le plus bas; région de votre gorge et plexus laryngé

Modèle d'énergie rayonnante : lotus à 16 pétales

Élément : éther = espace

Forme géométrique représentant l'éther : croissant de lune

Symbolisme de l'élément : omniprésence ; espace qui existe quand aucun autre élément n'est présent

Mantra (son germe) de l'élément : HAM

Objectifs : communication intense et développement artistique

Âge du développement : de 7 à 12 ans

Conscience : communiquer avec les autres au lieu de juste parler ou écouter

Énergie féminine : Shakini, dont la peau a la couleur des roses d'un rose pâle. En tant que gardienne du vishuddha chakra, elle ouvre la porte pour recevoir les dons des facultés psychiques, de la bonne mémoire, de l'intelligence aiguë et du talent d'improvisation. Elle tient dans ses quatre mains : (1) un crâne, rappelant d'être détaché des illusions du monde ; (2) un bâton, contrôlant la mémoire ; (3) un livre, représentant la connaissance de la manière juste de vivre ; et (4) un chapelet, aide au centrage, qui libère le mental de l'impatience et du bavardage incessant.

Gardien masculin : Indra, roi des devas (êtres de lumière) contrôle le tonnerre et la pluie. Il conduit les protecteurs des autres chakras dans leur combat incessant contre la négativité – autrement dit, contre la nature inférieure de l'individu.

Animal : Airavata, le mythologique éléphant blanc à sept trompes, monture d'Indra. Il peut se déplacer sans entrave à travers le temps et l'espace et est tout à fait différent de l'éléphant noir, lourd, lié à la terre, du muladhara chakra.

Émotions positives : honnêteté, véracité, pureté, penchant pour l'inspiration et l'expression artistiques

Émotions négatives : tromperie, mensonges, timidité, hantise de la page blanche. Quand la communication est bloquée, vishuddha devient le siège des addictions.

Sens dominant : ouïe

Activité essentielle : parler

Aspect de la force de vie qui siège au vishuddha chakra : udana, l'énergie qui élève vos aspirations et aide la production d'un son unique – votre voix

Travailler avec votre vishuddha chakra vous aide à améliorer votre expression artistique ainsi que votre pratique spirituelle.

MÉDITATION

Méditer sur vishuddha yantra

1 Placez une image du vishuddha chakra sur votre table de méditation, légèrement en dessous du niveau des yeux. Allumez une bougie ou brûlez de l'encens.

2 Asseyez-vous dans une position confortable de méditation et fermez les yeux.

3 Prenez quelques respirations longues et profondes. Écoutez quelques minutes le son de votre souffle passant à travers votre gorge. Lorsque vous êtes prêt, ouvrez à moitié les yeux et fixez l'image du regard.

4 Partez du coin supérieur droit, à mi-chemin entre les positions 12 heures et 1 heure. Votre regard parcourt lentement les 16 pétales lavande dans le sens des aiguilles d'une montre.

5 Notez les lettres sanskrites inscrites sur les pétales. Chacune représente un mantra dérivé de l'une des 16 voyelles de l'alphabet sanskrit symbolisant les sons purs. Ce sont : AM, AAM, IM, EEM, UM, OOM, RIM, REAM, LIM, LEAM, EM, AIM, OM, AUM, AM, AH. La plupart de ces mantras sont associés aux sons musicaux. La méditation sur le vishuddha yantra accroît l'appréciation de la musique et de la psalmodie. Vishuddha filtre les énergies impures des cinq chakras inférieurs et les distille en pures vibrations.

6 Après quelques tours, laissez vos yeux suivre une spirale vers l'intérieur jusqu'à l'éléphant mythique à sept trompes, monture d'Indra, chef des devas. Derrière lui, un croissant de lune pourpre fumé est le symbole de l'"espace", l'élément physique associé au vishuddha chakra.

7 Sur son dos, l'éléphant porte le mantra sanskrit "HAM", le son germe d'akasha (espace). Maintenez la concentration sur le bindu, point placé au-dessus de "HAM".

हं
अं
आं
इं
ईं
उं
ऊं
ऋं
ॠं
ऌं
ॡं
एं
ऐं
ओं
औं
अं
अः

Déséquilibres du vishuddha

Quand l'énergie du chakra de la gorge est équilibrée et circule sans entrave, vos paroles sont gentilles, réfléchies, claires et justes. Vous vous exprimez d'une manière animée et expressive. Votre voix est forte et vibrante. Vous écrivez, parlez et partagez avec aisance vos pensées et vos sentiments. Vous écoutez votre cœur et exprimez ces sentiments. Vous êtes à l'aise avec le silence et la parole.

Quoi chercher

Si vous avez du mal à communiquer, l'énergie du vishuddha chakra est assurément bloquée ou déséquilibrée. Même si vous êtes créatif, vous pouvez connaître de temps à autre la hantise de la page blanche.

Parmi les symptômes physiques, on trouve souvent : voix grinçante, enrouement, mal de gorge chronique, ulcères buccaux, affections gingivales, laryngite, inflammation des ganglions, troubles thyroïdiens, cancer de la gorge, amygdalite et gorge serrée quand on essaye de parler. Les blocages se manifestent aussi en tant que troubles du comportement alimentaire, addictions ou défauts d'élocution.

Causes possibles de déséquilibre

La tension accumulée dans le chakra de la gorge est d'habitude le résultat de la créativité et de la liberté d'expression refoulées, spécialement au cours des années formatrices. Enfant, vous avez probablement souvent pleuré jusqu'à vous endormir. Peut-être avez-vous grandi dans un environnement prônant que "les enfants doivent être vus, pas entendus". Peut-être que vos tentatives de communiquer vos pensées ou vos sentiments ont été ou sont accueillies par l'injonction de garder le silence. Avez-vous subi l'autoritarisme, étiez-vous puni si vous "répondiez"?

Vous avez été obligé de garder des secrets, on vous a fait du chantage (surtout émotionnel), raconté des mensonges ou envoyé des messages ambigus. Peut-être avez-vous été maltraité verbalement ou critiqué excessivement.

La musique très forte, le bruit des jeux vidéo violents, la violence à la télé, tous contribuent aux déséquilibres du vishuddha. Le bruit de fond constant déséquilibre l'énergie du chakra de la gorge et rend difficile votre connexion avec le silence intérieur.

QUAND L'ÉNERGIE DU VISHUDDHA EST EXCESSIVE

- Vous parlez trop, souvent pour ne rien dire.
- Vous colportez fréquemment des commérages.
- Vous devez avoir toujours le dernier mot et n'aimez pas écouter ce que les autres ont à dire.
- Vous criez plutôt que parlez.
- Votre voix est trop forte et trop autoritaire.
- Votre expression artistique est étendue, mais manque de vraie inspiration.
- Vous avez du mal à faire attention, car vous pensez tout savoir déjà.

QUAND L'ÉNERGIE DU VISHUDDHA EST DÉFICIENTE

- Vous êtes timide et craignez de vous exprimer.
- Vous avez peur de parler et/ou de chanter en public.
- Vous réagissez excessivement aux bruits forts.
- Votre voix est trop douce, plaintive, monotone ou craque fréquemment.
- Vous n'avez pas l'air certain de ce que vous dites.
- Vous bégayez ou montrez un quelconque autre défaut d'élocution.
- Vous êtes malentendant ou n'avez pas d'oreille.
- Votre vocabulaire est limité ; vous avez du mal à apprendre une langue étrangère ou à jouer d'un instrument musical.

EXERCICE ÉNERGÉTIQUE

Équilibrer l'énergie du vishuddha

Cet exercice de respiration équilibre l'énergie de votre chakra de la gorge, excellente pratique si vous êtes chanteur, enseignant, orateur ou si vous désirez améliorer vos savoir-faire de communication.

La respiration bourdonnante améliore votre concentration, votre mémoire et votre confiance. Votre désir de potiner disparaît. Vous devenez plus capable d'écouter attentivement, ainsi que de communiquer sur un plan plus profond. Elle libère le mental du "bavardage", vous prépare à la découverte de votre voix intérieure et rend votre voix douce et mélodieuse. Si vous êtes enclin à des troubles comme l'enrouement ou la faiblesse vocale, une pratique régulière atténuera probablement ces problèmes.

La respiration bourdonnante

1. Asseyez-vous dans une position confortable de méditation. Bloquez vos oreilles avec vos pouces pour intensifier le silence intérieur. En gardant la bouche et les lèvres doucement serrées, contractez la glotte. Rappelez-vous de garder la tête droite et de détendre les muscles du cou.

2. Inspirez fortement par les narines, en faisant vibrer le palais mou et en émettant un ronflement. L'inspiration ronflante (décrite parfois comme un éclaircissement de la gorge) charge en énergie la gorge. Le yoga la compare au bourdonnement d'un gros bourdon noir.

3. Retenez votre souffle quelques instants, tant que vous êtes à l'aise, en vous concentrant sur votre gorge. C'est au cours de cette légère rétention que votre mental saisit la nature élémentale du chakra de la gorge : éther ou espace.

4. Lorsque vous êtes prêt à expirer, faites-le avec un bourdonnement aigu, comme celui d'une petite abeille. Essayez d'expulser tout l'air de vos poumons. Émettre un bourdonnement

en expirant aide à régulariser la respiration et prolonge l'expiration. Répétez cet exercice de trois à cinq fois. Soyez conscient de la sensation de vibration dans la gorge, la bouche, les joues, les lèvres et les cavités sinusales.

Bouchez-vous les oreilles pour accroître les effets du bourdonnement.

Relations du vishuddha

Lorsque l'énergie du vishuddha est équilibrée et circule sans entrave, vous communiquez avec les autres de manière honnête et ouverte. Vous admettez et exprimez librement vos vérités, votre créativité et vos besoins émotionnels, sans craindre ce que les autres pourraient penser. Vous communiquez pleinement, car l'écoute attentive est aussi liée à l'énergie du chakra de la gorge.

Quand le chakra de la gorge est bloqué, votre communication est déformée ; vous mentez parfois sans le réaliser – vous faites bonne contenance au lieu de tenter d'exprimer un trouble ou un mécontentement, ce qui risque d'aboutir à des émotions inexprimées et à une créativité bloquée.

Équilibrer votre vishuddha chakra peut vous aider à développer des relations authentiques, impliquant une communication profonde.

DONNER ET RECEVOIR DE MANIÈRE SAINE

Échange sain d'énergie au vishuddha chakra (chakra de la gorge).

BLOCAGE DE L'ÉNERGIE DU VISHUDDHA

Une personne rabaisse l'autre ou tente de la manipuler, suscitant un blocage de l'énergie du vishuddha.

QUAND L'EXPRESSION PERSONNELLE EST REFOULÉE

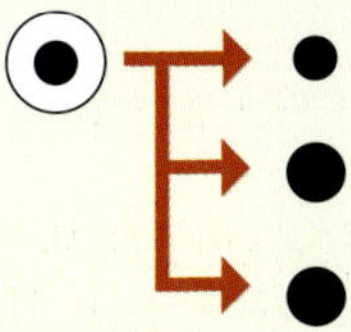

Si vous avez grandi dans un milieu vous imposant le silence quand vous tentiez de vous exprimer, cela a probablement suscité une contraction du chakra de la gorge, ainsi qu'une diminution de la circulation énergétique au niveau de l'anahata chakra (chakra du cœur, siège de l'amour et de la compassion) et du manipura chakra (chakra du plexus solaire, siège de votre image de vous-même). Notez que la personne qui semble avoir beaucoup d'énergie est en fait elle-même bloquée au niveau du vishuddha chakra (chakra de la gorge).

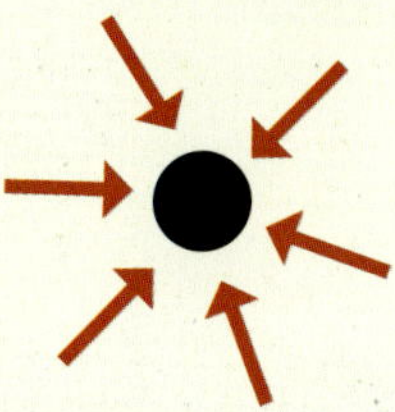

Personne passive-agressive qui parle doucement, mais aspire l'énergie des autres.

Méditations sur vishuddha

Lorsque vous vous concentrez sur l'équilibration de votre vishuddha chakra, vous aurez beaucoup de succès dans la vie. Votre plaisir à lire et à écouter de la bonne musique est accru ; vous découvrez comment exploiter votre potentiel artistique. Vous trouvez le temps de faire ce que vous voulez.

Affirmations

Répétez mentalement une ou plusieurs des affirmations suivantes :

- Je suis dirigé par mon intuition et j'ai le courage de la suivre.
- Mes instincts créatifs sont solides et purs.
- Je dis toujours la vérité. Ma parole m'engage.
- Mes relations avec les autres sont honnêtes et franches.
- Je communique mes sensations et mes émotions de manière saine.
- Je m'efforce de comprendre, ainsi que d'être compris.

Méditation SO HAM – écouter le bruit de votre respiration

N'essayez pas de répéter les mantras, mais écoutez votre respiration les émettre naturellement. Votre mental s'apaise peu à peu. S'il se met à errer, ramenez-le à votre respiration, qui est votre point focal le plus naturel pour l'attention, car il en est l'obstacle universel.

1. Asseyez-vous dans une position confortable de méditation, de préférence en tailleur. Assurez-vous que votre dos est vertical et votre tête, droite. Posez le dos de vos mains sur vos cuisses. Joignez le bout de votre pouce et de votre médius de la même main dans l'akasha mudra.

2 Suggérez au mental que vous resterez assis immobile et concentré pendant les 20 à 30 minutes suivantes. Essayez de ne pas bouger un seul muscle, pour éviter que votre mental s'égare.

3 Fermez les yeux et amenez votre conscience sur votre respiration. Prenez trois à quatre respirations profondes, puis laissez-les aller. N'essayez pas de contrôler votre souffle, concentrez-vous sur l'écoute de son bruit naturel.

4 En inspirant, entendez-le répéter le son "SO". Sentez votre souffle puiser joyeusement dans la vie.

5 En expirant, entendez-le répéter le mantra du vishuddha chakra "HAM". Relâchez les tensions et l'agressivité accumulées. Laisser aller les attentes. Restez immobile et soyez ouvert à l'expérience.

L'akasha mudra, liée à l'élément espace, est une excellente manière d'atténuer les sensations de lourdeur ou de congestion.

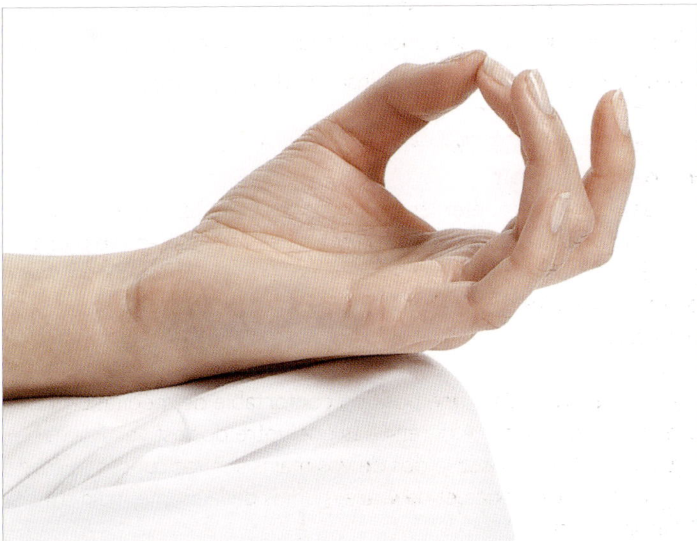

Travailler avec vishuddha

La vibration du vishuddha chakra détermine la manière et le contenu de la communication : paroles, langage corporel, son du silence. Les émotions émergeant dans les chakras inférieurs sont exprimées par l'énergie du chakra de la gorge, tout comme les pensées, les rêves et les espoirs venant des deux chakras les plus hauts.

Sarvangasana – La Chandelle

Suivez la Chandelle de la posture du Poisson (voir page 120). Les déséquilibres hormonaux sont atténués en travaillant avec les chakras de la gorge et sacré.

(1) Allongez-vous sur le dos, jambes jointes, mains au niveau des fesses glissant lentement sur le dos. Élevez-vous aussi droit que possible. Gardez les mains à plat sur le dos, doigts pointant vers la colonne vertébrale.

(2) Détendez consciemment les muscles des mollets et des pieds. Si vous débutez, ne maintenez pas cette position plus de 10 secondes. Les praticiens avancés peuvent y rester jusqu'à 3 minutes.

(3) Abaissez les jambes à mi-hauteur et ramenez les mains à plat sur le plancher derrière votre dos. Gardez la tête sur le plancher en déroulant lentement votre corps.

Simhasana – Le Lion

(1) Assis sur les talons, genoux et pieds joints, mains sur les cuisses.

(2) Inspirez profondément et expirez fortement par la bouche. En expirant, "bondissez" en avant comme un lion sautant sur sa proie : tendez les bras, raidissez le corps, les doigts devenant des "griffes", tirez la langue et faites saillir vos yeux (le rugissement est facultatif). Puis asseyez-vous sur les talons et détendez-vous un moment ; répétez deux à trois fois.

Sarvangasana
– La Chandelle

Simhasana
– Le Lion

Étirement du cou – en arrière et en avant

1

2

Étirements du cou

Peuvent être effectués assis ou debout

En arrière et en avant : ① Levez le menton autant que possible ; visualisez l'arrière de la tête touchant la colonne vertébrale (voir page 185).

② Tombez la tête vers le sternum. Répétez trois ou quatre fois dans chaque direction, puis relevez la tête.

D'un côté sur l'autre : ① Étirez la tête à droite et essayez de toucher votre épaule droite de votre oreille. Ne laissez pas tourner le cou, ni monter les épaules.

② Étirez la tête à gauche. Répétez ces mouvements trois ou quatre fois dans chaque direction.

Tournez la tête d'un côté sur l'autre : Sans bouger les épaules, tournez la tête pour regarder par-dessus votre épaule droite, puis faites pareil vers la gauche. Répétez ces mouvements trois ou quatre fois dans chaque direction. (Exercice non illustré ici.)

Fortifiant taoïste de la thyroïde

① Agenouillez-vous, fesses sur vos talons. Recroquevillez les orteils et placez vos mains à plat sur votre dos, dans la zone des reins.

② Arquez lentement le haut de votre corps en inspirant à fond. Gardez les fesses sur vos talons.

③ Expirez en arrondissant le dos et en inclinant en avant la tête et la poitrine. Répétez ces mouvements de 10 à 12 fois. Reposez-vous ensuite, front sur le sol.

Autres mouvements pour vishuddha

Chanter, psalmodier, bourdonner, entonner, pratiquer le yoga en riant

Étirement du cou – d'un côté sur l'autre

Fortifiant taoïste de la thyroïde

हं
ॐ
क्षं

CHAPITRE NEUF

L'ajna chakra

"Je pense que la contemplation sur l'espace entre les sourcils est la meilleure façon de faire l'expérience d'un état de félicité.
C'est une manière appropriée de méditer, même en l'absence d'entraînement extensif.
Sa pratique permet de se laisser rapidement absorber dans l'infini."

Swatmarama, *Hatha Yoga Pradipika*, 4.80

L'ajna chakra

Le chakra du troisième œil, ajna, est le centre de commandement du corps subtil et la source de la compréhension intellectuelle. C'est le siège du jugement, de l'intelligence émotionnelle, de la rationalité et de la sagesse. Son énergie permet de comprendre et de développer des concepts symboliques, la pensée abstraite et les savoir-faire d'organisation.

L'ajna chakra est le "sixième sens", qui gère les cinq sens physiques. Il gouverne les cinq chakras inférieurs et les nadis (méridiens) s'y dirigeant. Six facultés spirituelles sont associées à l'ajna chakra : la capacité à contrôler les pensées et à diriger l'attention, la concentration parfaite, la méditation, l'illumination et le samadhi.

Fonctions curatives

Dans le corps physique, ajna gouverne le cerveau. Sur un plan plus subtil, son énergie est liée au fonctionnement du mental. Quand l'énergie du "troisième œil" est déséquilibrée, parmi les symptômes physiques on compte maux de tête et mauvaise vue ou, dans les cas extrêmes, AVC, tumeurs, maladie d'Alzheimer ou crises d'épilepsie. Les difficultés d'apprentissage, la dyslexie, le manque de concentration, les cauchemars, la distraction, sont aussi souvent présents. Beaucoup de maladies mentales, comme la schizophrénie et les troubles obsessionnels compulsifs, semblent aussi être liées aux déséquilibres d'ajna.

BÉNÉFICES D'AJNA

- Accroissement de l'intuition
- Culture de la créativité et de l'imagination
- Souplesse des opinions et des points de vue
- Atteinte de la conscience supérieure

Shiva et Shakti de la mythologie hindoue représentent les forces opposées de la nature, maintenant unies.

EMPLACEMENT

Centre du front ; entre les sourcils

MOTS-CLÉS

Pensée abstraite perception, intuition, intellect, imagination, connaissance, mental concentré, clairvoyance, discernement, discipline mentale, symboles, jugement, aperçu, sixième sens

ASPIRATIONS

Voir l'"image globale", telle qu'une vision de l'objectif de vie

TRAVAIL AVEC AJNA

Développe l'intuition, la concentration et la mémoire

ACCROÎT

Équilibre la pensée rationnelle et logique avec la pensée intuitive sortant des sentiers battus ; communication intense

Utiliser l'ajna chakra

L'ajna chakra est le lieu où la perception rencontre la logique ; c'est l'expression la plus élevée de la polarité humaine. En travaillant avec l'énergie de ce chakra, vous accroissez votre intuition et percevez plus clairement votre rôle dans le monde. Si l'énergie de votre ajna circule bien, vous êtes une personne créative, imaginative, qui peut penser tant symboliquement que littéralement. Vous faites bon accueil aux nouvelles manières de voir le monde – et vous ne craignez pas de changer vos opinions et vos points de vue.

C'est là, au chakra du troisième œil, que vous devez faire la troisième et dernière percée vers la conscience supérieure. Ce

Le côté droit de l'hermaphrodite divin tient un trident, symbole de Shiva. Le côté gauche représente l'aspect féminin, Shakti.

chakra est le siège du nœud énergétique de la conscience de l'ego et de l'orgueil intellectuel. Vous devez le défaire pour que votre énergie spirituelle transcende la dualité. Votre chakra du troisième œil doit être en harmonie et la circulation de l'énergie, débloquée, avant que vous puissiez atteindre la conscience cosmique suprême.

Ce chakra est associé à un type intuitif de savoir. Lorsque vous travaillez avec votre ajna chakra, vous pouvez devenir clairvoyant ou développer d'autres facultés psychiques.

Travail avec les rêves

Vos rêves offrent un bon moyen de connexion à l'ajna chakra. À la page 201, un guide décrit le rappel des rêves et leur utilisation pour équilibrer ce chakra et mieux se rapporter à lui.

Lorsque vous travaillez avec l'énergie d'ajna

- Vous pensez pouvoir utiliser plus d'inspiration dans votre vie.
- Vous envisagez des changements importants dans votre vie, surtout ceux qui vous accordent davantage à vos objectifs spirituels.
- Vous aimeriez être plus focalisé.
- Vous espérez intensifier votre potentiel psychique.
- Vous avez besoin d'encouragement dans votre vie professionnelle.

JOURNAL D'AJNA – QUESTIONS SUGGÉRÉES

- Ai-je tendance à m'imposer des standards trop élevés?
- Ai-je envie que ma vie soit meilleure, mais je n'arrive pas à imaginer comment y parvenir?
- Quels sont mes objectifs à long terme dans la vie?
- Ma tête et mon cœur sont-ils en accord?
- C'est mon ego qui parle ou c'est vraiment la meilleure action pour moi?

Élément et énergie symboliques

Travailler avec ce chakra permet de vous libérer peu à peu des diverses limitations auto-imposées et de voir l'"image globale" de la vie. Les éléments symboliques de l'ajna chakra représentent l'union des deux aspects de votre être.

Signification du nom : a = non ; jna (son nasal) = connaissance. Il est intéressant de noter que votre mental, que vous tenez probablement pour le siège de la sagesse, est décrit ici comme "non-connaissance". En termes philosophiques, l'ajna chakra est le lieu où vous vous percevez en tant qu'être distinct du reste du monde – autrement dit, la source de votre dualité (voir page 204 pour une description complète de ce concept).

Position : sixième à partir du chakra le plus bas ; entre les sourcils

Modèle d'énergie rayonnante : deux pétales d'un blanc pur qui donnent à ce chakra l'apparence d'une graine ailée

Élément : mental

Forme géométrique représentant le mental : globe lumineux transparent

Symbolisme de l'élément : au-delà de tous les éléments matériels

Mantra de l'élément : OM

Objectifs : réflexion personnelle ; compréhension de soi

Âge du développement : adolescence

Conscience : capacité de pensée abstraite ; compréhension intuitive ; capacité à se rapporter aux concepts symboliques

Animal : à la place d'un animal, on voit Ardhineshwara, l'hermaphrodite divin, représentant l'union mystique de Shiva et de Shakti dans un seul corps. Le côté droit (masculin) du corps est gris cendre, le gauche (féminin) est rose pâle.

Énergie féminine : Shakti, sur le côté gauche, est le pouvoir créatif actif de l'univers. Elle a deux bras gauches. Dans une main, Shakti tient une fleur de lotus, symbole de beauté, de pureté et de connaissance, dans l'autre, une tige de canne à sucre, qui symbolise la douceur de la vie.

Gardien masculin : Shiva, sur le côté droit, est la conscience pure ; le témoin passif éternel. Il a deux bras droits. Dans une main, Shiva tient un trident représentant les trois aspects de la conscience : connaissance, effort et attitude. Son autre main est levée en un geste dissipant la peur.

Émotions positives : rationalité, imagination disciplinée

Émotions négatives : autosatisfaction, paranoïa, anxiété, obsessions, hallucinations, cynisme, déni de la réalité

Sens dominant : intuition

Activité essentielle : réflexion

Aspect de la force de vie qui siège à l'ajna chakra : prana – l'énergie qui permet d'absorber l'énergie, la nourriture et les idées

Travailler avec l'ajna chakra accroît votre capacité à voir l'"image globale" dans toutes les situations.

MÉDITATION

Méditer sur ajna yantra

1. Placez une image de l'ajna chakra sur la table de méditation, un peu en dessous du niveau des yeux. Le yantra montre un cercle blanc luminescent portant un pétale blanc pur de chaque côté.

2. Allumez une bougie ou faites brûler de l'encens. Asseyez-vous dans une position confortable de méditation.

3. Commencez en regardant le pétale à droite du cercle intérieur. La lettre sanskrite KSHAM y est inscrite, représentant l'extrémité du nadi ida. En regardant l'image, vous la voyez à droite, alors qu'en fait elle est connectée au côté gauche de votre corps, contrôlé par l'hémisphère cérébral droit, dont les fonctions sont intuitives, simultanées, spatiales, non-verbales, subjectives, émotionnelles et holistiques.

4. Après un certain temps, dirigez vos yeux, dans le sens des aiguilles d'une montre, vers l'autre pétale du lotus, inscrit du mantra sanskrit HAM, associé à pingala nadi, les attributs "masculins". Il est connecté au côté droit de votre corps et à l'hémisphère cérébral gauche, dont les fonctions sont logiques, séquentielles, mathématiques, verbales, objectives, rationnelles et analytiques.

5. Passez à l'image d'Ardhineshwara, mi-homme, mi-femme. Son côté droit est masculin, Shiva, la conscience passive. Son côté gauche, Shakti, est le principe central créatif féminin, actif.

6. Dans le cercle du yantra, on voit le mantra sanskrit "OM", la source de tous les autres mantras et la fondation de l'univers même. OM est le mantra transcendantal de l'ajna chakra ; il représente "le son inaudible", impossible à entendre sur le plan physique. OM est le plus abstrait et le plus élevé des mantras. OM est le symbole manifesté de la vibration originale, la Parole divine, qui a fait venir à l'existence l'univers (le Big Bang yogique).

हं
ॐ
क्षं

Déséquilibres d'ajna

Lorsque l'énergie d'ajna chakra est équilibrée et circule sans entrave, vous voyez bien, tant physiquement qu'intuitivement. Vous êtes ouvert à la perception psychique et voyez l'"image globale".

Un ajna chakra sain tend à favoriser l'équilibre des chakras inférieurs. Pour cette raison, beaucoup de yogis suggèrent qu'il vaut mieux commencer le travail avec les chakras par l'ajna. Une fois ce chakra équilibré et exempt de blocages, il aide à contrecarrer bon nombre d'effets négatifs apparaissant dans les autres chakras.

Quoi chercher

Vous tendez à être indécis et à sauter aux conclusions. Vous souffrez de cauchemars, migraines, vision floue, manque de concentration ou étourderie excessive.

Les déséquilibres du troisième œil se manifestent souvent physiquement en tant que vertiges et déséquilibres endocriniens. Un chakra du troisième œil mal aligné peut être lié à des problèmes comme la désorientation mentale, l'insomnie et la sinusite aiguë. Il peut vous pousser à être extrêmement satisfait de vous-même et excessivement fier de vos capacités intellectuelles, que vous risquez de mal utiliser. Si le déséquilibre est extrême, vous vivez dans un monde d'illusions, souffrez d'hallucinations et avez peu de liens avec la réalité (ou aucun).

Causes possibles de déséquilibre

Divers traumatismes suscitent des déséquilibres de l'énergie d'ajna. Vous avez peut-être vu une chose particulièrement laide, brutale ou effrayante, avez été trahi par votre maître spirituel ou par quelqu'un que vous respectiez beaucoup. Peut-être que vous ne pouvez pas accepter de "voir" une chose vitalement importante pour la croissance de votre âme, ou êtes incapable de la voir.

QUAND L'ÉNERGIE D'AJNA EST EXCESSIVE

- Vous souffrez de maux de tête, d'hallucinations, de cauchemars.
- Vous êtes si focalisé que votre vision est étroite.
- Votre réflexion manque de souplesse.
- Vous avez une personnalité rigide, compulsive.
- Vous vous évaluez constamment vous-même.
- Vous analysez obsessionnellement chaque action.
- Vous avez une attitude suffisante et êtes trop tatillon.
- Vous souffrez d'illusions.
- Vous êtes trop intellectuel ou détaché du monde.
- Vous n'arrivez pas à vous accorder à vos capacités intuitives – ou vous ne vous fiez pas à elles. Résultat, vous tendez à compenser en état très logique, dogmatique, autoritaire et peut-être arrogant.
- Vous avez de grandes capacités intellectuelles, mais manquez de compassion.

QUAND L'ÉNERGIE D'AJNA EST DÉFICIENTE

- Vous avez une mauvaise vue ou d'autres problèmes oculaires.
- Vous avez mauvaise mémoire ou oubliez des détails.
- Vous avez du mal à visualiser le résultat de vos actions.
- Vous avez du mal à apprendre de vos expériences passées.
- Vous craignez les nouvelles idées et expériences.
- Vous manquez d'autodiscipline.
- Vous ne voyez pas des choses extrêmement visibles.
- Vous êtes enclin à placer vos objectifs et vos standards trop bas. Cela découle de votre manque de vision intérieure et d'imagination.

EXERCICE ÉNERGÉTIQUE

Équilibrer l'énergie d'ajna

La hakini mudra est un geste de la main qui peut être pratiqué n'importe quand et n'importe où. Vous pouvez la pratiquer dès que vous sentez le besoin de rééquilibrer l'énergie de votre ajna chakra. Elle vous aide à vous souvenir des choses, vous connecte aux sources de direction intuitive et accroît vos capacités intellectuelles en stimulant la communication entre les hémisphères cérébraux et en améliorant leur coopération.

Cette mudra est utile lors de tout travail mental. Elle est conseillée pour l'entraînement de la mémoire ou si vous suivez des cours de gestion. La hakini mudra améliore votre respiration et la rend plus profonde, bénéficiant au cerveau et rechargeant son énergie.

La hakini mudra

1. Asseyez-vous dans toute position bien droite, sans croiser les jambes ou les chevilles, de préférence face vers l'est. Joignez le bout de chaque doigt d'une main au bout du doigt respectif de l'autre : pouce à pouce, index à index, etc. Vous pouvez garder les yeux ouverts ou fermés, mais toujours levés vers le troisième œil.

2. Prenez de 5 à 10 respirations profondes. Sur chaque inspiration, placez le bout de la langue sur vos gencives, juste derrière les dents supérieures de devant. En expirant, relaxez la langue. Votre mental verra ce que vous désiriez qu'il voie.

3. Vous pouvez aussi utiliser la hakini mudra pour vous concentrer sur une chose pendant une période plus longue ; pratiquez-la quand vous cherchez l'inspiration. Après les 5 à 10 respirations initiales profondes, restez assis dans une contemplation intense, les mains dans cette mudra. Gardez les yeux tournés vers le centre de votre front et synchronisez le mouvement de la langue avec la respiration – cela vous empêchera de vous laisser distraire ou de vous assoupir.

La hakini mudra peut être utilisée à tout moment ou en tout lieu pour vous aider à focaliser l'énergie de votre ajna chakra.

TRAVAIL AVEC LES RÊVES

- Comprendre et analyser vos rêves peut vous aider à équilibrer l'énergie de votre ajna chakra et à mieux vous lier à elle. Placez un bloc-notes et un crayon près de votre lit.
- Le soir, en vous endormant, prenez la décision de vous rappeler votre (vos) rêve(s).
- En vous réveillant, ne quittez pas le lit immédiatement. Restez allongé, yeux fermés, et revoyez mentalement vos rêves. Ensuite, levez-vous et notez tout ce dont vous vous souvenez – même si ce n'est pas logique ou dans le bon ordre.
- Une fois que vous avez mis sur papier les détails de votre rêve, réfléchissez aux significations se rapportant à votre vie. Les rêves sont des expressions de votre être libéré de la logique du monde physique. Là, votre mental est capable de s'exprimer sans être gouverné par les lois ordinaires comme le temps, l'espace et la causalité.

Relations d'ajna

La pensée et le son se manifestent sur quatre plans essentiels, avec le son audible au vishuddha chakra à l'extrémité physique brute du spectre et le son "inaudible" transcendantal à l'extrémité la plus subtile. L'ajna chakra représente la voix intérieure ; c'est une antenne énergétique qui vous permet de vous lier aux autres sur deux plans :

- **Communication télépathique.** C'est le plan de pensée universel précédant le langage, à travers lequel on regarde ou on perçoit une chose sans la nommer en paroles.
- **Le langage.** Le choix de mots de la plupart des gens passe par le prisme mental troublé par la langue maternelle, les idées préconçues, les impressions, les émotions et les autres limitations.

Une relation saine maître-disciple implique la communication ouverte et le respect des deux parties.

La communication à travers l'ajna

Une bonne relation maître-disciple implique tant la discussion exprimant les pensées que la communication télépathique. Pensez aux meilleurs enseignants que vous avez eus, très spéciaux de par leur capacité à communiquer non seulement verbalement, mais aussi en transmettant leurs expériences intérieures.

Les bons maîtres vous gardent focalisé et vous enseignent comment équilibrer l'énergie de l'ajna chakra. Ceux qui parlent d'expérience sont plus susceptibles de vous inspirer par leur passion, donner des explications claires avec des exemples pratiques et rendre simples les choses compliquées. Ils sont aussi capables de vous montrer comment les choses se rapportent les unes aux autres.

Certains érigent une barrière, en tentant de cacher leurs pensées et de projeter une image différente. Dans ce cas, aucune communication réelle ne prend place, même si les gens semblent se parler.

UNE BONNE RELATION MAÎTRE – DISCIPLE

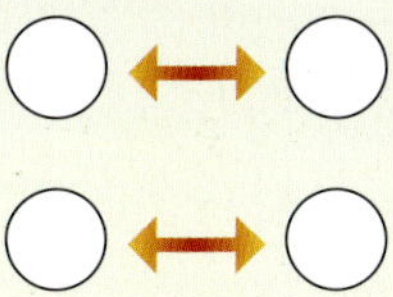

Compréhension à l'ajna chakra (chakra du troisième œil)

Communication au vishuddha chakra (chakra de la gorge)

LA VÉRITABLE COMMUNICATION EST ENTRAVÉE

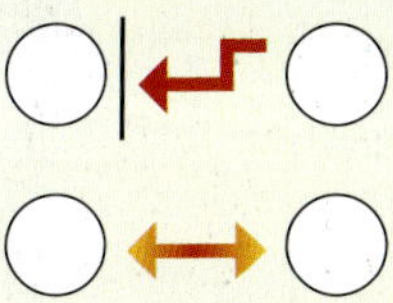

Barrière à l'ajna chakra entravant la véritable communication entre deux personnes

Communication au vishuddha chakra

Méditations sur ajna

L'ajna chakra est identifié au mental et au sentiment du moi. De tous les chakras, l'énergie du chakra du troisième œil a l'effet global le plus puissant sur votre personnalité. C'est là que vous intégrez votre perception du monde extérieur pour créer votre réalité intérieure. La méditation sur l'ajna chakra écarte l'illusion que toutes les perceptions cognitives sont réelles. Le sentiment de séparation du corps et du mental s'estompe.

Vous devez réaliser la "percée" finale vers la conscience supérieure au chakra du troisième œil. Une fois le nœud énergétique de la conscience de l'ego et de l'orgueil intellectuel défait, votre énergie spirituelle transcende la dualité. Vous ne pouvez pas aller plus loin sans laisser aller votre identification avec votre sens limité du moi.

Affirmations

Asseyez-vous dans votre position préférée de méditation. Posez le dos de vos mains sur vos cuisses dans la mudra du menton : joignez le bout de l'index et du pouce de chaque main, les autres doigts détendus. Concentrez-vous sur le point entre vos sourcils et répétez mentalement l'une des affirmations suivantes :

- Mon mental est fort, concentré et alerte.
- Je me fie aux inspirations de mon moi supérieur.
- J'ai de l'autodiscipline, mais je suis sensible aux besoins de mon entourage.

Bhuchari – regard perdu dans le vide

Cette méditation stimule l'ajna chakra ; c'est un puissant purificateur psychique qui accroît grandement vos pouvoirs de concentration. Si vous portez des lunettes ou des lentilles de contact, mieux vaut les retirer avant de commencer cette méditation.

① Asseyez-vous dans votre position préférée de méditation, de préférence en tailleur, face à un mur blanc. Assurez-vous que votre colonne vertébrale est verticale, la tête droite, le corps détendu.

② Placez le pouce droit au centre de votre lèvre supérieure. Laissez se détendre l'index, le médius et l'annulaire, et tendez l'auriculaire droit devant. Regardez fixement son bout, sans cligner des yeux et sans vous sentir tendu.

③ Vos larmes commenceront probablement à couler, ce qui nettoie les yeux, les conduits lacrymaux et les sinus. En plus de fortifier vos yeux et les centres nerveux de votre front, cette méditation est aussi un puissant purificateur psychique de la région d'ajna chakra et favorise la concentration intense.

④ Pratiquez cela 5 minutes, puis laissez tomber votre main et continuez à regarder le point où se trouvait votre index.

⑤ Regardez dans le vide pendant au moins 15 à 20 minutes par jour.

Utilisez la bhuchari mudra pour mesurer l'étendue de votre regard.

Travailler avec ajna

Le chakra du troisième œil contrôle votre "vision" du monde, ainsi que la place que vous y occupez. Par exemple, en tant qu'adulte, vous avez probablement une idée précise de ce que le monde "doit être", ce qui rend les postures comme le Poirier difficiles. En réalité, réaliser cela est un peu plus que changer votre point de vue.

Sirsasana – Le Poirier

1. Asseyez-vous sur vos talons, genoux et pieds joints. Attrapez chaque coude de la main opposée. Placez vos coudes sur le sol, directement en dessous des épaules. Sans bouger les coudes, détendez vos mains et serrez-les en entrelaçant les doigts. Vos avant-bras forment maintenant un "trépied" sur le sol. Lorsque vous pratiquez le Poirier avec vos bras dans cette position, le poids de votre corps repose sur vos coudes, pas sur votre tête ou sur votre cou.

2. Placez l'avant de votre tête sur le sol. L'arrière de votre tête repose doucement sur vos mains serrées. Tendez les genoux sans bouger la tête ou les coudes.

3. Faites avancer lentement vos pieds jusqu'à ce que vos hanches soient directement au-dessus de votre tête. Ce faisant, ne laissez pas bouger vos bras ou votre tête. Assurez-vous que votre poids reste sur vos coudes – ne le laissez pas passer sur votre tête.

4. Fléchissez les genoux sans laisser tomber les hanches. Ramenez les talons jusqu'à vos fesses. Respirez profondément et maintenez cette position pendant au minimum 10 secondes avant d'aller plus loin et de tenter le Poirier.

5. Quand vous êtes à l'aise, levez lentement vos genoux fléchis vers le plafond. Tendez les jambes. Votre poids est reparti

Sirsasana
– Le Poirier

1

2

5

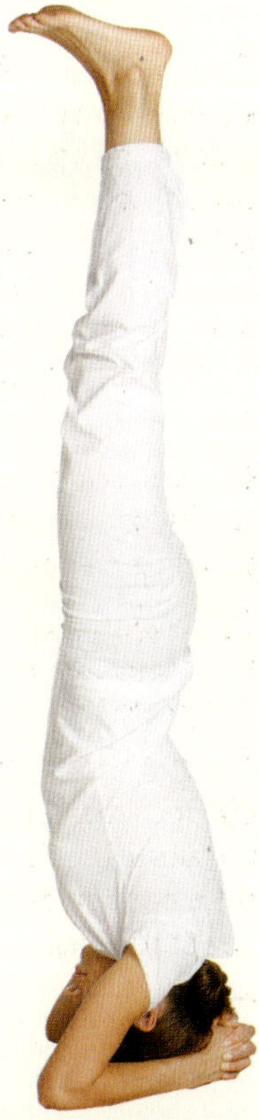

également sur vos coudes. Respirez profondément et maintenez la position aussi longtemps que vous vous sentez à l'aise. Soyez particulièrement conscient de votre rapport à la gravité.

6 Lorsque vous êtes prêt, redescendez lentement en fléchissant les genoux, puis en inclinant les hanches et pour finir en plaçant vos pieds sur le sol. Gardez la tête penchée et asseyez-vous sur vos talons dans la posture de l'Enfant (voir page 94) pendant 2 à 3 minutes avant de vous lever.

Avertissement : Ne tentez pas le Poirier en cas de grossesse de plus de 4 mois, de menstruation et d'hypertension.

Nasagra drishti – Regard le long du nez

Asseyez-vous dans une position confortable de méditation, dos vertical, tête droite. Regardez le bout de votre nez, yeux mi-clos, au maximum 10 secondes. Fermez ensuite les yeux et détendez-les. Vous pouvez arriver progressivement à 1 minute, tant que vos yeux ne sont pas fatigués.

Bhrumadhya drishti – Regard droit devant

Une fois le regard précédent maîtrisé, essayez de lever les yeux vers le point entre vos sourcils. Maintenez ce regard au maximum 3 à 10 secondes, puis relaxez vos yeux. La pratique prolongée du Regard droit devant est déconseillée.

Autres mouvements pour ajna

Exercices oculaires ; si votre énergie tend à être trop lourde, les exercices accompagnés de danse et de musique peuvent aider à en repartir l'excès sur le reste de votre corps

Nasagra drishti – Regard le long du nez

Bhrumadhya drishti – Regard droit devant

CHAPITRE DIX

Le sahasrara chakra

"En vous concentrant sur la lumière émanant du sommet de votre tête, vous devenez capable de voir les Maîtres éclairés."

Patanjali, *Yoga Sutra*, 3.33

PRÉSENTATION

Le sahasrara chakra

Le sahasrara est le portail vers la conscience infinie. C'est à travers ce chakra qu'on se connecte à l'état de félicité du Savoir absolu que les yogis appellent "satchidananda" et qu'on le perçoit. Celui-ci est au-delà du monde de la conscience individuelle, le "chitta". Le sahasrara fournit la connexion énergétique permettant de transcender le sentiment ordinaire de dualité, l'expérience de soi-même et de l'autre, du sujet et de l'objet, du masculin et du féminin. Il fournit le cadre métaphysique de la vie. Le sahasrara chakra est l'extrémité supérieure du méridien central (sushumna nadi), où que n'atteignent pas les deux autres méridiens majeurs (ida et pingala – conscience ordinaire).

Fonctions curatives

Les blocages du sahasrara chakra vous laissent souvent l'impression d'être dispersé. Vous manquez d'inspiration, menez une existence sans joie, voyez le monde de manière purement rationnelle et matérialiste et êtes déconnecté de toutes les sources spirituelles.

BÉNÉFICES DU SAHASRARA
• Connaissance intuitive
• Compréhension plus intense
• Forts liens spirituels
• Sens accru d'émerveillement
• Découverte des "mystères" divins
• Expérience du Moi supérieur
• Connexion au Divin
• Expérience de la complétude

Le sahasrara chakra est votre connexion à ce qui ne change jamais, à ce qui est éternel et infini.

EMPLACEMENT

Au sommet de la tête, s'élevant vers le "ciel"

MOTS-CLÉS

Infini, ciel, connexion spirituelle, sagesse supérieure, illumination, conscience cosmique, transcendance, immanence, union, communion, divinité, mysticisme, samadhi

ASPIRATIONS

Aller au-delà des frontières du mental individuel et de la conscience

TRAVAIL AVEC SAHASRARA

Fortifie la connexion avec les valeurs spirituelles, les attitudes, l'éthique ; donne le courage de surmonter les difficultés de la vie

ACCROÎT

Sens d'émerveillement. Permet de mener une vie remplie de joie.

Utiliser le sahasrara chakra

Travailler avec l'énergie du chakra couronne offre connaissance intuitive, compréhension accrue, forts liens spirituels et sens accru d'émerveillement. Il permet de se connecter aux autres plans d'existence et de découvrir les "mystères" divins.

Le chakra couronne est le passage énergétique de la conscience ordinaire à l'expérience du Moi supérieur. C'est la connexion au Divin, à l'inconscient collectif et à la liberté absolue. C'est le portail vers l'immortalité. Travailler avec le chakra couronne apporte la complétude.

Les individus arrivant à accéder à volonté à l'énergie du chakra couronne sont souvent tenus pour des faiseurs de miracles, car ils semblent divinement guidés et capables de transcender les lois de la nature.

Célébrez le divin dans votre vie quotidienne en prenant le temps de vous asseoir paisiblement pour méditer.

Lorsque vous travaillez avec l'énergie du sahasrara chakra

- Vous aimeriez établir une pratique régulière de méditation.
- Vous avez du mal à apaiser le "bavardage" de votre mental.
- Vous souffrez d'insomnie ou d'autres troubles du sommeil.
- Vous sentez l'absence d'une direction claire dans la vie.
- Vous aimeriez être guidé par des plans supérieurs.
- Vous réalisez que vous avez des "dons" ayant besoin d'être développés.
- Vous savez que le moment est venu de faire venir plus de joie et d'émerveillement dans votre vie.
- Vous aimeriez accéder davantage au fonctionnement de votre subconscient et de votre inconscient, et mieux les comprendre.
- Vous devenez conscient du besoin de changer vos convictions essentielles.

JOURNAL DU SAHASRARA – QUESTIONS SUGGÉRÉES

- Comment est-ce que je célèbre le divin dans ma vie quotidienne ?
- Comment arriver à ne plus être contrôlé par mes envies de possessions et de plaisir sensuel ?
- Quoi faire pour être plus ouvert à la direction intuitive ?
- Qu'est-ce qui m'aide à voir le monde comme une manifestation du Divin ?
- Qui suis-je si je ne suis pas limité par ce corps et ce mental ?
- De quelles manières mon envie de posséder des choses alourdit-elle mon fardeau karmique ?
- À quel point suis-je content de ce que la vie m'a offert ?

Élément et énergie symboliques

Travailler avec le chakra couronne vous permet de faire l'expérience d'un état de conscience où vous percevez l'unité de la personnalité humaine et du Moi supérieur. Votre sens d'isolement se dissipe dans la compréhension de l'Identité de tous les êtres.

Signification du nom : sahasra = mille ; sahasrara = le "Lotus à mille pétales"

Position : le chakra le plus haut, situé juste au-dessus du sommet de votre tête

Modèle de rayonnement énergétique : un nombre infini de pétales rayonnants, émettant des lumières de toutes les couleurs de l'arc-en-ciel. Celui-ci comprend les couleurs visibles à l'œil humain, ainsi que les innombrables couleurs dépassant la perception ordinaire. Dans la tradition occidentale, le sahasrara chakra est souvent associé à la couleur violet, mais beaucoup le voient blanc, teinte qui englobe toutes les couleurs.

Élément : au-delà du temps et de l'espace

Forme géométrique représentant l'infini : il n'y a pas de forme géométrique, seulement un lotus symbolique au nombre illimité de pétales. Dans la tradition indienne, le nombre mille représente l'infini.

Mantra de l'élément : le son du silence ; le son subtil de tous les mantras et de tous les sons. Le mantra bouddhique "Om Mani Padme Hum" (Le joyau dans le lotus) établit une forte connexion avec l'énergie du sahasrara chakra.

Objectifs : illumination ; Satchidananda (qui signifie Vérité absolue, Conscience absolue et Félicité absolue)

Âge du développement : adulte

Conscience : conscience universelle et spirituelle en développement

Énergie féminine : Yakini, aux innombrables visages regardant dans toutes les directions. Elle brille de toutes les couleurs.

Expérience positive : direction intuitive, conscience mystique

Expérience négative : attachement, ignorance spirituelle, vide, nuit sombre de l'âme

Sens dominant : au-delà du mental et de tous les sens physiques

Activité essentielle : méditation et perception de la joie

Sahasrara chakra préside tous les aspects de l'énergie vitale de tous les êtres vivants,

Dans la tradition hindoue, le nombre mille symbolise l'infini. Sahasrara est une "fleur" de rayons énergétiques sans fin.

MÉDITATION

Méditer sur sahasrara yantra

En travaillant avec le sahasrara yantra, vous percevrez une connexion plus intense avec les aspects mystiques de votre vie. Un yantra est un outil travaillant comme un métier à tisser, mais sur un plan très subtil. En méditant sur le sahasrara yantra, vous tissez une nouvelle "réalité", plus enjouée.

1. Placez une image du sahasrara chakra sur votre table de méditation, légèrement en dessous du niveau des yeux. Allumez une bougie ou brûlez de l'encens de santal.

2. Asseyez-vous dans une position confortable de méditation et fermez à moitié les yeux.

3. Fixez du regard le sommet de l'image, d'abord le portail externe bleu du yantra, qui symbolise l'est, la direction du lever du soleil.

4. Votre regard se pose lentement (dans le sens des aiguilles d'une montre) sur les quatre portails représentant le monde et ses quatre directions cardinales. Notez le portail rouge à droite, représentant le sud. Regardez ensuite le portail jaune en bas, l'ouest. Pour finir, regardez le portail vert à gauche, le nord.

5. Après quelques tours, suivez des yeux lentement une spirale s'enroulant vers l'intérieur, en considérant chaque pétale comme un pas vers le centre doré. Vous finirez par vous retrouver au centre énergétique du yantra. Essayez de maintenir votre concentration sur le bindu (le point) au cœur de l'image.

Déséquilibres du sahasrara

Si l'énergie du sahasrara est bloquée ou déséquilibrée, le mental ira dans une direction, le cœur, dans une autre, et le corps dans une troisième. Un chakra couronne hors d'alignement rend excessivement égocentrique, car vous êtes incapable de voir l'interconnexion de la vie. Vous aurez peu d'énergie ou votre énergie pourra circuler seulement dans les chakras inférieurs, dirigée entièrement vers des poursuites matérialistes et sensuels. Votre vie peut manquer de richesse spirituelle. Vous pouvez croire que rien n'existe en dehors de ce qui peut être perçu par vos sens ou compris par votre mental. Vous aurez une faible perception de la réalité ou trouverez difficile de vous "connecter" en général.

Dans le corps physique, les blocages extrêmes peuvent aboutir à une paralysie ou à des maladies multisystémiques affectant les muscles et les nerfs, comme la sclérose en plaques ou la sclérose latérale amyotropique. Beaucoup d'affections génétiques semblent être karmiquement liées aux blocages du sahasrara.

Si l'énergie du sahasrara chakra n'est pas équilibrée, vous ne pourrez pas atteindre l'état de supraconscience, le "samadhi" yogique.

Quoi chercher

Scepticisme, mentalité matérialiste extrême, abus des plaisirs sensuels – ou refus absolu de toute joie. Vous vous méfiez de la vie en général ou êtes enclin à la dépression. Vous pouvez avoir du mal à accepter les principes de la pensée religieuse et spirituelle, l'humanitarisme et l'altruisme. Peut-être avez-vous l'impression d'être dispersé et de manquer d'inspiration ou d'objectifs élevés dans la vie.

Lorsque votre chakra couronne est bloqué ou déséquilibré, les gens sensibles aux valeurs énergétiques verront qu'une teinte sombre, boueuse, colore toute votre aura. En vous touchant, ils ressentiront un fourmillement ou un picotement dans leur chakra couronne.

Causes possibles de déséquilibre

Divers traumatismes déséquilibrent l'énergie du sahasrara, dont la privation physique ou les expériences de mort imminente. Vous avez pu être volé, trompé, maltraité (sexuellement ou autrement) par quelqu'un se posant en maître religieux ou spirituel, tentant de vous manipuler et de vous contrôler. C'est même possible que vous (ou l'un de vos proches) ayez été attiré dans une secte que vous avez eu beaucoup de mal à quitter.

QUAND L'ÉNERGIE DU SAHASRARA EST EXCESSIVE

- Vous êtes trop ouvert à tous ceux se prétendant maîtres spirituels ou religieux.
- Vous exigez des enseignements que vous n'êtes pas prêt à comprendre.
- Vous tendez à pratiquer excessivement, mais sans réellement comprendre la signification de votre pratique.
- Vous mortifiez votre corps physique par des pratiques extrêmes, comme le jeûne excessif.
- Vous avez des visions effrayantes et sentez que Dieu/anges/saints ne parlent qu'à vous.
- Vous vous sentez étourdi et souffrez peut-être de fréquents maux de tête.

QUAND L'ÉNERGIE DU SAHASRARA EST DÉFICIENTE

- Vous tendez à être un athée convaincu.
- Vous pensez que les croyants sont soit des fous, soit des hypocrites.
- Vous vous sentez isolé, détaché et déconnecté du monde.
- Vous pouvez être ennuyé et apathique.
- Sans la pulsion d'atteindre les états supérieurs, votre vie peut être bloquée dans les expériences des chakras inférieurs gérant principalement la survie et le plaisir.

EXERCICE ÉNERGÉTIQUE

Équilibrer l'énergie du sahasrara

Selon le yoga, l'univers a été créé par la vibration originale du son OM. Le son a trois aspects : le son audible, sa signification et son traitement mental. L'exercice Nadanusandhana est un excellent équilibrant de tous ces aspects – et vous connectant à la signification mystique d'OM.

Nadanusandhana – intégrer les aspects d'OM

Asseyez-vous dans toute position confortable de méditation pour effectuer cet exercice.

Entonnez "aaa", bouche grand ouverte

1 Adoptez la mudra du menton : joignez le bout du pouce et de l'index de chaque main, les autres doigts tendus, mais relaxés. Posez le dos des mains sur vos cuisses.

2 Inspirez lentement et complètement jusqu'à ce que vos poumons soient remplis d'air. Ouvrez en grand la bouche et entonnez "aaa" sur l'expiration. Sentez le son résonner dans votre abdomen et la partie inférieure de votre corps. Répétez neuf fois.

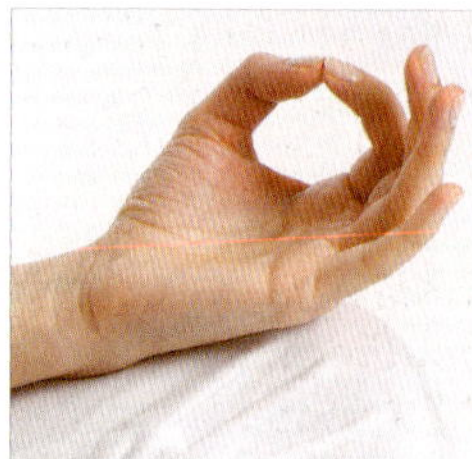

Mudra du menton

Entonnez "ou", bouche arrondie

1 Adoptez la chinmaya mudra : joignez le bout du pouce et de l'index de chaque main, puis pliez le médius, l'annulaire et l'auriculaire sur la paume. Reposez le dos de vos mains sur vos cuisses.

2 Inspirez lentement et complètement

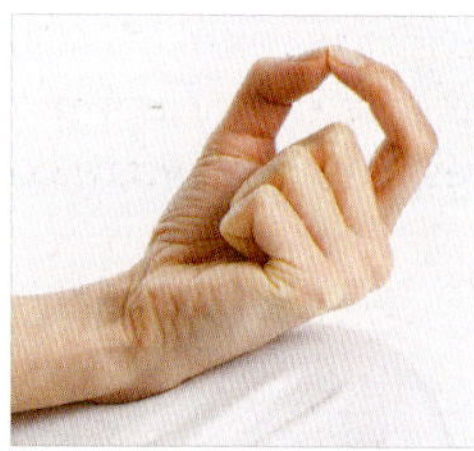

Chinmaya mudra

jusqu'à ce que vos poumons soient remplis d'air. Arrondissez les lèvres et entonnez "ou" sur l'expiration. Sentez le son résonner dans votre poitrine et le milieu de votre corps. Répétez neuf fois.

Entonnez "mmm", lèvres serrées

① Adoptez l'adhi mudra : pliez les pouces sur les paumes, puis couvrez-les des autres doigts repliés. Reposez le dos de vos mains sur vos cuisses.

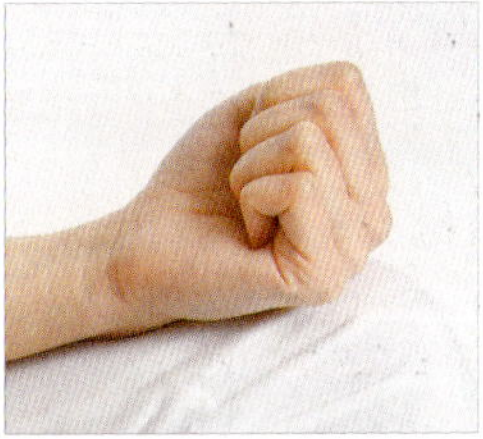
Adhi mudra

② Inspirez lentement et complètement jusqu'à ce que vos poumons soient remplis d'air. Gardez la bouche fermée et entonnez "mmm" sur l'expiration. Sentez le son résonner dans la région de votre tête. Répétez neuf fois.

Entonnez A-U-M, en commençant la bouche grand ouverte et en finissant les lèvres serrées

① Adoptez la brahma mudra, similaire à l'adi mudra, mais les poings placés de part et d'autre du nombril.

② Inspirez lentement et complètement jusqu'à ce que vos poumons soient remplis d'air. Entonnez "aa", bouche grande ouverte, en arrondissant peu à peu les lèvres pour entonner "ou" et continuant ainsi jusqu'à ce que votre bouche soit fermée et vous entonniez "mmm". Sentez le son résonner dans votre corps. Répétez neuf fois.

Brahma mudra

Relations du sahasrara

Le chakra couronne peut être comparé à une antenne émettant et recevant des informations énergétiques se rapportant spécifiquement aux valeurs spirituelles et aux relations mystiques. Ici, la plupart des connexions tendent à avoir une nature non laïque et non physique.

Si vous êtes un aspirant spirituel, l'énergie du sahasrara vous connecte à votre mentor quand vous recevez ses enseignements. Elle vous permet de communier avec Dieu ou de vous sentir uni à la nature. Le chakra couronne est le lieu où vous établissez des connexions avec les êtres d'autres dimensions ou plans vibratoires, esprits guides, anges ou maîtres ascendés.

La communication à travers les chakras

Dans une relation positive, les enseignements passent de maître à disciple sur un plan intellectuel (ajna) ainsi qu'intuitif (sahasrara). Mais le disciple n'est pas censé accepter aveuglément les choses. Cependant, au vishuddha chakra prend place une communication ouverte où le disciple est libre de poser des questions auxquelles le maître répond sans réserves. À son tour, il n'hésite pas à questionner le disciple sur sa pratique.

Un échange énergétique prend aussi place au chakra du cœur. Le maître et le disciple éprouvent une profonde affection et compassion mutuelles. Le maître peut sympathiser avec les difficultés du disciple et lui donner des conseils. Le disciple accepte, car il fait confiance au maître et comprend qu'il n'a pas d'agenda caché.

Dans le schéma de la relation malsaine entre maître et disciple (ci-contre), le maître a tellement dépassé le disciple sur les plans intellectuel, charismatique et verbal que celui-ci ne remarque pas l'absence de toute connexion au sahasrara. À la place, il se soumet à une relation sexuelle (swadhisthana) – l'amour altruiste (anahata) est à sens unique. En utilisant le disciple, le maître abuse de la relation.

RELATION SAINE MAÎTRE SPIRITUEL — DISCIPLE

maître spirituel **disciple**

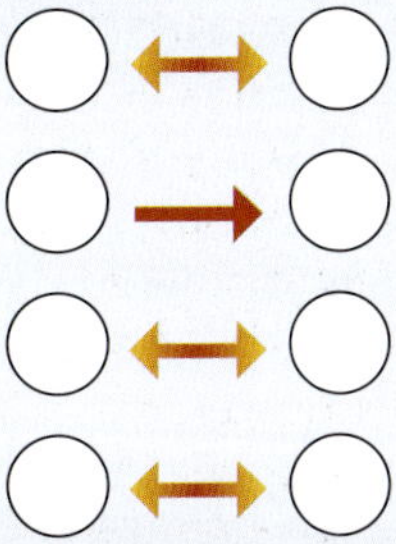

Échange énergétique au sahasrara chakra (chakra couronne)

L'énergie intellectuelle passe au disciple (ajna)

Communication au vishuddha chakra (chakra de la gorge)

Échange d'amour spirituel et de compassion à l'anahata chakra (chakra du cœur)

RELATION MALSAINE MAÎTRE SPIRITUEL — DISCIPLE

maître **disciple**

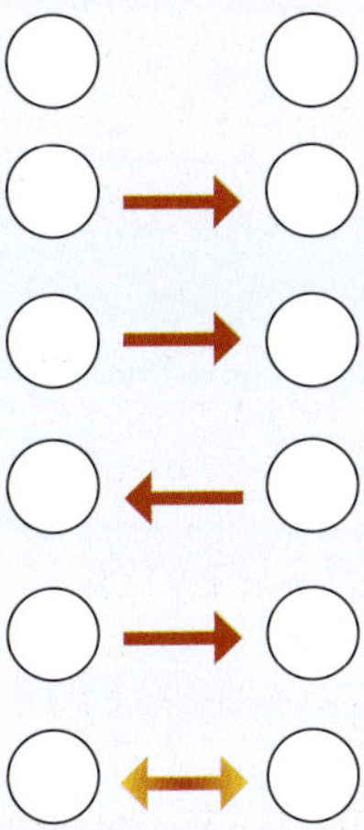

Pas de connexion au sahasrara chakra (chakra couronne)

Disciple dépassé intellectuellement (ajna)

Disciple dépassé verbalement (vishuddha)

Communication dans un seul sens à l'anahata chakra (chakra du cœur)

Disciple dépassé par l'énergie du manipura (charisme du maître)

Connexion sexuelle au swadhisthana chakra (chakra sacré)

Méditation sur sahasrara

La méditation sur sahasrara chakra apporte un sentiment de libération, de complétude et de connexion spirituelle, exprimé par les yogis en tant que plénitude (poorna) ou Absolu (Brahman) C'est la vision du vide (shunya) décrit par la philosophie bouddhique.

Méditation sur la Lumière divine

1 Asseyez-vous dans la position de méditation choisie, colonne vertébrale bien droite. Placez les mains dans votre giron, paumes tournées vers le haut, main gauche au-dessus. C'est la mudra de la réception de l'énergie. Fermez les yeux ; respirez lentement et régulièrement. Focalisez votre attention sur le sommet de votre tête.

2 Visualisez une lumière blanche éclatante pénétrant par votre chakra couronne. Sentez cette Lumière divine descendre en spirale dans votre corps. Appréciez son éclat chaud qui imprègne tout votre être. Chaque cellule de votre corps physique est baignée par la Lumière et l'Inspiration divines. Tous les niveaux de votre mental et de votre conscience sont éclairés par la Lumière divine.

3 Vous pouvez répéter les affirmations suivantes ou créer d'autres, plus significatives pour vous :

- Je suis entouré et protégé par la Lumière divine.
- Cette Lumière soutient et protège tout mon être.
- Je marche toujours dans la Lumière.
- Je me sens grandir plus fort en m'accordant à la Lumière.

4 Asseyez-vous en silence pendant au moins 15 à 20 minutes, vous unissant à la Lumière divine. Celle-ci est une manifestation de votre Moi supérieur, représentation de la paix dépassant la compréhension rationnelle. Sentez que vous êtes un canal pur

traversé par cette Lumière. Dans cet état d'identité, les pensées et les inspirations intuitives arrivent dans votre conscience. Soyez reconnaissant pour cette direction.

5 Vous pouvez aussi choisir de penser à une personne qui a besoin, d'après vous, de Lumière divine. Répétez l'exercice en visualisant cette personne baignée de Lumière. Celle-ci pénètre par le sommet de sa tête et descend en spirale, comme elle l'a fait dans votre corps. Répétez les affirmations, en utilisant le nom de la personne :

- [Insérez le nom] est entouré et protégé par la Lumière divine.
- Cette Lumière soutient et protège tout l'être de [Insérez le nom].
- [Insert nom] marche toujours dans la Lumière.
- Puisse [Insérez le nom] grandir toujours fort en s'accordant à la Lumière.

6 Avant de vous lever, remerciez la Lumière. Prenez ensuite quelques respirations profondes avant d'ouvrir les yeux.

Lors de la méditation sur la Lumière divine, vous avez l'impression qu'un rayonnement extatique éclaire tout votre être.

Travailler avec sahasrara

Le chakra couronne est le siège de la conscience transcendante pure qui est au-delà du monde de la conscience individuelle ordinaire. Son énergie permet de percevoir l'état de supraconscience existant au-delà du temps et de l'espace. Vous devenez pleinement conscient de l'identification de votre personnalité avec le Moi supérieur.

Namaskar haut

① Tenez-vous debout, pieds écartés de 5 à 10 cm, sur lesquels votre poids est également reparti. Inspirez profondément et, en expirant, ramenez vos paumes jointes au niveau de votre poitrine dans la position namaskar. Maintenez-la quelques instants, particulièrement conscient de vos pieds ancrant votre corps.

② Tendez ensuite lentement les coudes et levez vos bras. Maintenez la position de 1 à 3 minutes, sentant votre énergie se prolonger vers le haut.

③ En abaissant vos mains, écartez les pieds, fléchissez légèrement les genoux et tombez la tête entre vos jambes pour vous détendre. Visualisez l'énergie du sommet de votre tête se connectant à la terre.

Ardha-chandrasana – La Demi-lune

① Tenez-vous debout, pieds écartés de 5 à 10 cm, sur lesquels votre poids est également reparti. Inspirez en tendant vos bras sur les côtés, puis au-dessus de la tête, dans un mouvement circulaire latéral. Quand vos mains se joignent, entrelacez les doigts.

② Redressez vos index pour qu'ils pointent vers le haut. Gardez les coudes tendus et essayez de porter vos bras derrière les oreilles autant que possible. Étirez tout votre corps vers le haut, en gardant le menton parallèle au sol, loin de la poitrine.

Namaskar haut

Ardha-chandrasana
– La Demi-lune

③ Regardez devant vous en expirant et en vous penchant vers la droite. Portez votre hanche et votre épaule les plus élevées en arrière autant que possible ; ne laissez pas le corps se tordre. Assurez-vous que votre poids est toujours également réparti et que votre menton est loin de la poitrine.

④ Inspirez en revenant au centre. Répétez sur l'autre côté du corps.

Vrischikasana – Le Scorpion

Le scorpion est une posture avancée exigeant la concentration mentale intense et la flexibilité du haut du dos. Avant de tenter le Scorpion, soyez certain de maîtriser le Poirier et de pouvoir le pratiquer aisément pendant au minimum 3 minutes.

① Prenez la posture du Poirier (voir page 206).

② Fléchissez les genoux et arquez-vous en arrière, en vous assurant que votre poids reste sur vos coudes. Relâchez vos doigts entrelacés et posez vos mains à plat sur le sol. Essayez de garder vos avant-bras aussi parallèles que possible.

③ Levez la tête et essayez d'amener vos épaules directement au-dessus de vos coudes. Regardez vers le haut. Maintenez la position aussi longtemps que vous vous sentez à l'aise. Pour y parvenir, vous devez être pleinement présent dans le moment. Cela vous permet de devenir plus conscient de vous-même en tant que témoin du monde.

Avertissement : Ne tentez pas le Scorpion en cas de menstruation, de grossesse ou de blessure du cou.

Autres activités pour sahasrara

Méditation

Vrischikasana
– Le Scorpion

CHAPITRE ONZE

Relations entre les chakras

En réalité, les actions et les caractéristiques des divers chakras ne peuvent être séparées qu'intellectuellement. Ce chapitre explore la manière dont les chakras se connectent l'un à l'autre. Pour comprendre chaque chakra, il est important de voir l'image globale : aucun chakra n'agit isolément.

Muladhara chakra

Le muladhara chakra est la fondation énergétique. Quand il est solide, vous vous sentez plus en sécurité dans la vie en général, et de plus vous disposez d'une base ferme d'où travailler avec les autres chakras.

Muladhara – swadhisthana

Les deux chakras les plus bas travaillent de concert à gouverner vos instincts. Cela inclut votre survie personnelle ainsi que votre sexualité et votre capacité à vous adapter à une situation.

Muladhara – manipura

Lorsque les énergies de vos premier et troisième chakras sont équilibrées, vous êtes ancré. L'image de vous-même, la volonté et le sens du pouvoir personnel (d'habitude le domaine du manipura chakra) sont fortement affectés par l'énergie du muladhara, tout comme votre sécurité, spécialement par rapport à des questions comme la richesse, l'entretien, la famille et les autres relations.

Muladhara – anahata

Le degré de votre générosité naturelle dépend souvent de votre niveau de vulnérabilité dans la vie. Un déséquilibre dans le chakra le plus bas peut vous inciter à vous accrocher davantage aux possessions, et en avoir envie, car vous ne croyez jamais en avoir assez : l'insécurité conduit souvent à empiler l'énergie et les biens. Il peut aussi impliquer un resserrement de votre cœur quand on vous demande de partager avec d'autres ce que vous avez.

Muladhara – vishuddha

L'insécurité fondamentale (déséquilibre de l'énergie du muladhara) peut souvent conduire à amasser des choses et à consommer excessivement. Lorsque la circulation énergétique entre vos chakras racine (muladhara) et de la gorge (vishuddha) est bloquée ou déformée, vishuddha peut devenir le siège de vos addictions.

Beaucoup d'habitudes et de désirs négatifs ont des connexions évidentes avec la gorge : alcoolisme, tabagisme, commérage, boulimie. D'autres obsessions peuvent émerger de votre incapacité à vous sentir en sécurité et satisfait. Les déséquilibres énergétiques du chakra de la gorge (vishuddha) jouent souvent un rôle important chez les personnes développant un besoin frénétique de faire des achats ou des troubles du comportement alimentaire comme l'anorexie, la boulimie, les régimes excessifs et la prise excessive et très rapide d'alcool.

Muladhara – ajna

L'énergie du muladhara chakra fournit un soutien solide à votre discipline mentale. Il aide votre développement intellectuel.

Muladhara – sahasrara

L'énergie du muladhara chakra offre le sentiment de sécurité essentiel pour la pratique spirituelle et la connexion cosmique. L'équilibre entre le sahasrara et le muladhara détermine à quel point vous êtes capable d'habiter le corps et d'en profiter. Et, à partir de la position enracinée dans le corps, cette connexion permet de choisir son type de pratique spirituelle.

Vous équilibrer et vous ancrer grâce à l'énergie du muladhara chakra vous aidera à explorer des questions comme : "Comment est-ce que je m'ancre sans rester bloqué ?"

Swadhisthana chakra

Équilibrer l'énergie du swadhisthana chakra avec celle des autres chakras peut accroître les bénéfices du travail avec ceux-ci. Il aide à fortifier le système immunitaire (muladhara), confère plus de vitalité (manipura), accroît la sensibilité et l'empathie (anahata), stimule la capacité artistique (vishuddha), permet de cultiver un plus grand éclat intellectuel (ajna) et rend plus attirant. Tous les aspects du corps et du mental deviennent fluides et adaptables. Lorsque l'énergie du chakra sacré (swadhisthana) fonctionne bien, vous n'avez pas toujours besoin de gagner, de contrôler, de rendre la pareille et/ou d'impressionner les autres.

Contrairement à la croyance populaire, travailler avec le swadhisthana ne concerne pas l'intensification de votre sexualité. Pour que swadhisthana soit pleinement fonctionnel et équilibré, la pulsion sexuelle doit être sublimée en prise de conscience – qui doit, à son tour, être équilibrée par les énergies des autres chakras, susceptibles de vous donner de nouveaux aperçus des relations avec les amis, la famille et les collègues de travail.

Swadhisthana – muladhara

Muladhara est "stabilité", swadhisthana est "flux". L'adaptabilité est importante, elle permet de laisser aller le passé, d'écarter les choses risquant de péricliter la croissance et d'accepter les transitions. Cela peut impliquer d'abandonner ce qui est familier, sûr et sans danger (l'énergie du muladhara) et de se diriger vers des lieux inconnus (encore) de l'âme.

Toutefois, si l'énergie du swadhisthana surpasse celle du muladhara, votre vie est trop agitée : vous êtes en constant mouvement, incapable de vous enraciner. Vous devez trouver le juste équilibre entre ces deux énergies pour vous sentir en sécurité et ancré, sans avoir cependant l'impression d'être bloqué dans la vie.

Swadhisthana – manipura

La vanité, la culpabilité, la gêne ou la honte à propos de votre corps sont de puissants sentiments négatifs, d'habitude associés à des blocages du swadhisthana chakra. Lorsque ces sensations sont coutumières, elles peuvent saper grandement votre respect de soi (manipura).

Éventuellement, la mauvaise image de soi-même peut aboutir à un besoin de lancer constamment des messages sexuels. Le discernement quant aux moments appropriés d'ouvrir ou de fermer ce chakra est important. L'ouverture émotionnelle en présence d'amis ou de parents ou l'ouverture sexuelle avec votre partenaire sont une chose, la même ouverture en marchant dans la rue ou au travail en est une autre. La question de l'ouverture des chakras est traitée plus en détail au chapitre suivant (voir page 260).

Si vous ne gérez pas correctement la peur et la honte des deux chakras inférieurs, elles peuvent déformer l'énergie de votre chakra du plexus solaire (manipura) en le surstimulant, ce qui générera la colère.

Swadhisthana – anahata

Ces deux chakras, travaillant à l'unisson, déterminent le degré auquel vos relations sont égoïstes ou altruistes. Cet équilibre est spécialement important en ce qui concerne les divers aspects de l'amour. Ensemble, les chakras sacré (swadhisthana) et du cœur (anahata) contrôlent les questions d'amour et de sexualité de vos relations. Par exemple, "l'amour au premier regard" peut impliquer une attirance sexuelle, qui se développe en se combinant avec une relation empathique.

Amplifier l'énergie de votre swadhisthana chakra, sans équilibrer et purifier en même temps l'énergie de votre chakra du cœur (anahata), peut conduire à un abus malsain de votre sexualité. Quand cela arrive, vous constaterez probablement que vos relations sont plus éphémères et limitées.

Swadhisthana – vishuddha

Les énergies de ces deux chakras sont très fortement liées, car elles représentent deux aspects essentiels de la créativité. Lisez la page 244 pour comprendre les relations particulières existant entre les swadhisthana et vishuddha chakras.

Si vos chakras sacré (swadhisthana) et de la gorge (vishuddha) ne sont pas en équilibre, votre voix est soit trop grave, soit trop aiguë.

Swadhisthana – ajna

Bien que le manipura chakra soit censé gouverner la vue, il y a bien des manières de voir. Par exemple, quand une mère ne "voit" pas son époux abusant sexuellement de sa fille, cela représente une rupture de communication entre les manipura (vision physique), ajna (conscience de) et swadhisthana (sexualité) chakras.

Les rêves se trouvent dans le domaine du swadhisthana, mais ils expriment le contenu du mental (ajna). Si vous vous permettez de passer trop de temps à rêver ou attachez trop d'importance à la gratification, l'énergie du chakra sacré (swadhisthana) risque de devenir déséquilibrée. Dans la tradition indienne, le poisson qui se laisse prendre à cause de son avidité (attachement excessif au sens du goût) est symbolique d'un déséquilibre entre les swadhisthana et ajna chakras.

Swadhisthana – sahasrara

Les blocages dans le chakra couronne (sahasrara) peuvent vous pousser à vous refuser les moindres plaisirs, même les craindre. Cela représente un déséquilibre entre les swadhisthana et sahasrara chakras, très différent du principe de mener une vie simple en tant que pratique spirituelle.

Méditation fortifiant la connexion des chakras sacré/cœur

Les variantes de cette méditation peuvent être utilisées pour resserrer la connexion entre n'importe lequel de vos chakras.

1. Asseyez-vous dans une position confortable de méditation, le dos droit. Respirez doucement par les narines.

2. Sentez votre respiration parcourir un circuit énergétique entre vos chakras sacré (swadhisthana) et du cœur. En inspirant, sentez que vous tirez le prana à travers votre chakra du cœur (anahata). Ce prana suit un mouvement circulaire vers votre région sacrée.

3. En expirant, sentez l'énergie monter et revenir au chakra du cœur (anahata).

CONNECTER SWADHISTHANA ET ANAHATA

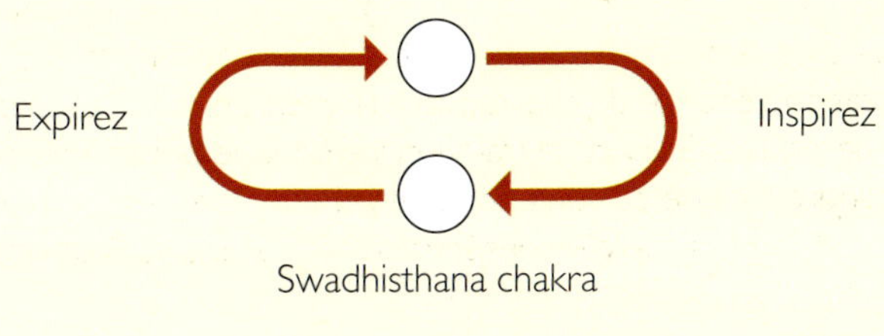

Manipura chakra

Que vous cherchiez à transformer l'énergie en matière ou la pensée en action, les manipura et ajna chakras doivent travailler en harmonie l'un avec l'autre. Ils entretiennent une relation particulière. Votre chakra du plexus solaire (manipura) est pareil à une batterie, à une source primaire qui charge en énergie tous les autres chakras – y compris l'ajna chakra.

Dans certains arts martiaux traditionnels de l'Orient, le manipura chakra est le "hara", centre physique du corps qui gouverne l'homéostasie et l'équilibre de celui-ci. Pour que nous soyons plus efficaces, il doit travailler en harmonie avec l'ajna chakra, le siège de l'équilibre mental.

La vue physique est gouvernée par l'énergie rayonnante du manipura, mais c'est l'ajna chakra qui détermine comment on "voit" le monde et soi-même. C'est l'énergie d'ajna (le "troisième œil") qui permet de voir intuitivement, de s'ouvrir aux perceptions psychiques et de saisir l'"image globale".

Manipura permet de voir et d'explorer le monde ; ajna permet de comprendre ce qu'on voit, y compris l'importance de donner et de recevoir sainement de l'énergie au cours du voyage à travers la vie. Grâce au développement d'ajna chakra, on commence à comprendre intuitivement la signification, les dimensions et les objectifs plus élevés de la vie.

Les sensations viscérales émergent au manipura chakra. Les entrepreneurs prospères, les hommes d'affaires perspicaces, les joueurs qui gagnent, les criminels astucieux, maîtrisent tous ces sensations, les tournant à leur avantage. Cependant, pour transformer celles-ci en bon plan d'action, on doit accéder à l'énergie d'ajna, siège de la pensée ordonnée.

MANIPURA	AJNA
Vue physique	Intuition ; vision de l'objectif élevé de vie ; clairvoyance
Faim et digestion	Aspiration intellectuelle et spirituelle ; assimilation d'idées et d'expériences
Énergie physique ; la vigueur mettant la compréhension intellectuelle en action ; volonté	Compréhension intellectuelle et pensée rationnelle
Corps équilibré et mouvements réguliers	Attitude équilibrée envers la vie. Détermination de la direction dans laquelle on veut conduire le corps. Ajna est le point où on prend des décisions quant au lieu où on veut arriver grâce aux mouvements du corps.
Volonté ; la force et la détermination de mettre en pratique les décisions prises	Principe de prise de décisions

Manipura – vishuddha – swadhisthana

Le chakra du plexus solaire (manipura) a également une relation particulière avec les chakras de la gorge (vishuddha) et sacré (swadhisthana). Ensemble, ils gouvernent les actions et les attitudes envers la nourriture et les troubles du comportement alimentaire, la digestion et la consommation. Swadhisthana se rapporte au sens de goût, même si les véritables actions de manger et de goûter sont contrôlées par le chakra de la gorge (vishuddha). La digestion des aliments est gouvernée par manipura.

Anahata chakra

Intensifier l'activité du cœur physique n'aide pas nécessairement la dissipation des blocages de la circulation énergétique de l'anahata chakra. Elle peut réduire en fait son fonctionnement efficace si on dirige son énergie uniquement vers la matière physique, au lieu de viser la consolidation de sa conscience.

Lorsque l'énergie du chakra du cœur circule de manière aisée, sans entrave, les émotions négatives des chakras inférieurs – peur, culpabilité, honte, colère – sont balayées par les "vents" du changement.

Le chakra du cœur (anahata) est le centre énergétique du corps. La majeure partie de son travail est de garder les autres chakras en équilibre.

Anahata – muladhara

Lorsque les chakras du cœur (anahata) et racine (muladhara) travaillent ensemble en harmonie, la compassion est davantage qu'un sentiment désinvolte ; elle est ancrée et réfléchie.

Anahata – swadhisthana

Si un blocage existe entre les chakras du cœur (anahata) et sacré (swadhisthana), vous tendez à vous tourner vers les autres pour satisfaire vos besoins émotionnels ou vous confondez amour et attirance sexuelle.

Anahata – manipura

Un "pont" énergétique se développe entre vos manipura et anahata chakras quand vous commencez à réaliser que juste amasser plus de biens matériels ne suffit pas à vous rendre heureux. Jusque-là, vous avez basé votre identité sur vos possessions.

La connexion entre les deux chakras devient effectivement fonctionnelle lors de votre premier acte authentique de pardon. Votre éveil énergétique ne peut avancer sans pardon. Pour resserrer cette connexion, demandez-vous : "À qui dois-je pardonner pour être libre ?" ou "Qu'est-ce que je dois me pardonner ?"

Anahata – vishuddha

Débloquer votre chakra de la gorge (vishuddha) implique d'habitude prêter attention à votre cœur, s'accorder au silence, savoir écouter et développer l'empathie. La communication normale part du vishuddha, mais une connexion de "cœur à cœur" implique également anahata. Alors que le silence peut être d'or, si vous demandez trop souvent à vos enfants de "se taire", vous handicapez leur capacité à interagir avec le monde, en plus de contribuer à la création d'un blocage majeur dans leurs chakras. Pour qu'une communication saine prenne place, les énergies des chakras du cœur (anahata), de la gorge (vishuddha) et du troisième œil (ajna) doivent être libres et communiquer les unes avec les autres.

Anahata – ajna

C'est l'une des plus importantes connexions des chakras. Quand une pensée vous vient à l'esprit, si la connexion entre votre mental et votre cœur est bloquée, ne serait-ce que partiellement, vos idées, vos espoirs et vos rêves ne peuvent pas se réaliser.

Anahata – sahasrara

Votre cœur connecte votre humanité et votre divinité. Quand une forte relation de travail existe entre ces deux chakras, toutes les formes d'amour tendent à prendre une dimension spirituelle supérieure.

RELATION PARTICULIÈRE AVEC SWADHISTHANA

Vishuddha chakra

Les pulsions créatives sont un aspect intégrant du swadhisthana chakra ; elles peuvent être exprimées d'une diversité de manières. Vous pouvez créer physiquement en utilisant l'énergie même du chakra sacré (swadhisthana) ou transmettre vos pulsions aux autres et vous exprimer verbalement ou artistiquement à travers l'énergie de votre chakra de la gorge (vishuddha) de concert avec celle du swadhisthana.

Lorsque les swadhisthana et vishuddha chakras sont ouverts, équilibrés et agissent parfaitement de concert, vous vous épanouissez en tant qu'individu sensible, intuitif, idéaliste et artiste, plein de rêves et capable de les exprimer. Vous êtes adaptable et acceptez le changement en tant qu'aspect de la vie. Vous ne vous vautrez pas dans l'apitoiement de soi, pas plus que vous n'avez l'habitude de vous plaindre quand les choses tournent mal. L'énergie du chakra sacré (swadhisthana) soutient celle du chakra de la gorge (vishuddha), vous aidant à trouver votre vérité et l'exprimer dans vos propres termes. Un courant d'énergie circulant entre ces deux chakras libère de l'indigence émotionnelle ; il satisfait votre soif d'expression personnelle.

Votre besoin d'être "entendu" devient de plus en plus difficile à satisfaire si l'un de ces deux chakras devient déséquilibré et si votre créativité ne circule pas correctement. Vous vous retrouverez dans une situation analogue à "hantise de la page blanche". Si la communication entre les chakras est bloquée, même partiellement, vous tendez à la percevoir tant émotionnellement que physiquement. Quand cela arrive, il semble que rien dans la vie n'est assez bon ; rien ne semble vous rendre heureux.

L'incapacité à vous exprimer verbalement ou autrement peut mener à une absence de relations personnelles durables, à la boulimie en tant que substitut de la véritable gratification émotionnelle et au stress extrême. Pour rétablir l'équilibre, un programme en 12 étapes ou une guérison dirigée peut s'avérer utile.

VISHUDDHA	SWADHISTHANA
Créativité artistique, création aurale, prise de parole ; capacité à composer de la poésie, à comprendre les rêves, à être un bon maître (surtout spirituel)	Créativité physique
Inspiration pour débuter un projet et l'achever	Mettre au monde un enfant ; l'énergie physique pour concevoir un projet
Le goût est perçu physiquement par la gorge	Capacité à "goûter" la douceur de tout ce que la vie offre
Expression personnelle	Autosatisfaction
Les blocages sont souvent le résultat de l'abus verbal (surtout dans l'enfance), de la critique excessive, de l'obligation de garder les secrets, du chantage (surtout émotionnel), des mensonges et des messages incertains.	Les blocages sont souvent le résultat de l'abus émotionnel et sexuel, de la négligence physique ou émotionnelle dans l'enfance et du sentiment de rejet et/ou de manipulation émotionnelle.
Éducation autoritaire. "Ne réponds pas" a été une injonction constante.	Famille rigidement pieuse, désapprouvant le plaisir.
La famille peut avoir une histoire d'alcoolisme ; les membres de la famille tendent à crier plutôt qu'à se parler.	La maltraitance physique et psychologique était peut-être la norme dans la famille. Obligation d'assumer trop tôt un rôle d'adulte avec des responsabilités trop lourdes pour l'âge de l'individu.
Énergie du langage	Énergie de l'émotion

Ajna chakra

Le chakra du troisième œil, l'ajna, est le centre de commandement du corps subtil, l'instrument qui gère les cinq sens (vue, ouïe, odorat, goût et toucher) plus le mental. Il régule aussi tous les autres chakras et les nadis (canaux énergétiques) qui s'y connectent.

L'ajna peut devenir épuisé et coupé des autres chakras si l'individu a l'habitude de gâcher l'énergie de ses chakras inférieurs. Un ajna chakra équilibré exige des chakras inférieurs stables pour le soutenir.

Un ajna chakra sain tend à favoriser l'équilibre dans les chakras inférieurs. Pour cette raison, beaucoup de yogis suggèrent qu'il vaut mieux commencer le travail avec les chakras par l'ajna. Il tend à être le plus facile à éveiller – et stimule souvent l'ouverture simultanée des autres chakras. Une fois l'énergie de l'ajna chakra équilibrée, elle aide à contrecarrer tout effet négatif susceptible de survenir dans les autres chakras.

Ajna – muladhara

Quand ces deux chakras travaillent bien ensemble, l'instinct et la logique sont équilibrés. Lorsque vous commencez le travail intérieur, il est important de ne pas perdre votre ancrage. En devenant de plus en plus conscient de vos dimensions spirituelles, restez en contact avec vos besoins physiques. Purifier et équilibrer l'énergie du muladhara avec celle de l'ajna vous permet de fonctionner dans le moment présent. Cela vous aidera aussi à réaliser pleinement vos idéaux intellectuels.

Ajna – swadhisthana

Le chakra sacré est plus concerné par la gratification. Son pouvoir se trouve dans la mise en marche immédiate de l'accomplissement de soi, le contraire de l'examen logique des choses – voilà pourquoi il est important que le swadhisthana travaille avec l'ajna chakra.

Anja – manipura

Les sensations viscérales (manipura) sont aiguisées en intuition (ajna) par le travail à l'unisson de ces deux chakras. La communication saine entre le chakra du troisième œil (ajna) et le chakra du plexus solaire (manipura) encourage l'équilibre mental.

Ajna – anahata

La compassion, l'amour, le pardon, la confiance, l'espoir et le chargement émotionnel en pouvoir sont des pulsions émergeant de votre cœur. Sans réfléchir, vous agissez impulsivement ou irrationnellement. C'est important de vous assurer que votre "tête" et votre "cœur" sont toujours en accord et travaillent l'un avec l'autre.

Ajna – vishuddha

La connexion des chakras du troisième œil (ajna) et de la gorge (vishuddha) reste pleinement fonctionnelle si vous réfléchissez avant de parler.

Ajna – sahasrara

Les chakras du troisième œil (ajna) et couronne (sahasrara) travaillent souvent ensemble pour transmuer les expériences de votre univers intérieur multidimensionnel en une forme compréhensible.

Sahasrara chakra

Le plus élevé des sept chakras principaux, le sahasrara, est la connexion à l'énergie de l'univers. Quand le chakra couronne (sahasrara) est bloqué, on est moins réceptif à l'énergie, si bien qu'un volume moindre de prana est transmis aux autres chakras.

Sahasrara – muladhara

L'ancrage du chakra racine (muladhara) fournit la fondation pour un fonctionnement sain du sahasrara. Cette relation est la base de la pratique spirituelle et de l'illumination.

Par un effort concerté, l'énergie potentielle assoupie au muladhara chakra (chakra racine) peut être conduite à une manifestation plénière au chakra couronne (sahasrara). La mythologie hindoue montre l'image de la puissance du serpent, la "kundalini", qui se transmue dans le serpent à mille têtes, le "sesha", à mesure qu'elle monte à travers les divers plans de conscience. Au chakra racine (muladhara), la kundalini représente le potentiel énergétique illimité. Quand cette énergie est éveillée et conduite à travers les divers chakras jusqu'au chakra couronne (sahasrara), l'illusion qu'on est distinct du reste de l'univers disparaît.

Lorsque l'énergie du chakra couronne (sahasrara) est déséquilibrée, vous pouvez être si préoccupé par les questions spirituelles que vous négligez les besoins humains essentiels de nourriture, abri, survie et même amour. C'est comme si vous ne viviez plus totalement sur la terre, ce qui ne signifie pas nécessairement que vous êtes plus spirituel ou "plus proche de Dieu".

Ce type de comportement obsessionnel indique un déséquilibre malsain entre les énergies des sahasrara et muladhara chakras, les deux chakras définissant les polarités de votre être. Aucun n'est plus important que l'autre ; leurs énergies doivent être en équilibre pour que vous meniez une existence saine et heureuse incluant un élément spirituel notable.

Sahasrara – swadhisthana

Lorsque l'énergie de votre chakra couronne (sahasrara) est déséquilibrée, vous échouez à vous connecter avec le courant de la vie. Vous vous niez même le plus minime des plaisirs. Pour une existence équilibrée, paisible, sahasrara doit entretenir une relation de travail amicale avec swadhisthana.

Sahasrara – manipura

Votre plexus solaire reflète votre concept de liberté personnelle ; sahasrara est concerné par votre libération de l'illusion d'être déconnecté de l'identité avec la nature.

Sahasrara – anahata

Quand votre énergie circule librement entre les chakras couronne (sahasrara) et du cœur (anahata), vous êtes capable de "donner" de tout cœur de vous-même. Vous vous sentez inspiré à contribuer au plus grand bien, ainsi qu'à recevoir de la source universelle. En général, vous entretenez une connexion saine avec l'image globale de la vie et éprouvez une parenté avec tous les êtres.

Sahasrara – vishuddha

Lorsque la communication entre les chakras couronne (sahasrara) et de la gorge (vishuddha) est bloquée ou déformée, vous tendez à comprendre les enseignements spirituels au pied de la lettre au lieu de vous connecter à leur véritable esprit. Vous pouvez vous montrer fanatique et dogmatique.

Sahasrara – ajna

Les deux chakras les plus élevés ont une relation de travail particulière, visant votre totale liberté et paix intérieure.

Méditation sur la relation entre les éléments

Lors de cette méditation, vous utilisez votre mental pour connecter les énergies de vos divers chakras. Vous commencez par votre corps physique, composé des cinq éléments ; chacun de ces éléments est gouverné par un chakra spécifique.

D'abord, vous pensez à la manière dont votre corps devient froid au moment de votre mort, à mesure que l'élément feu le quitte. Il gonflera avec les gaz qui le quitteront, séchera quand l'eau s'en ira et l'élément terre reviendra à la poussière à mesure de sa décomposition. Finalement votre corps, en se désintégrant complètement, cessera d'occuper l'espace.

Vous visualisez ensuite la manière dont les éléments matériels, en commençant par la terre, le plus dense, se joignent à l'élément plus subtil qu'eux. L'élément terre du chakra racine (muladhara) se joint à l'eau. L'élément eau du chakra sacré (swadhisthana) se joint au feu. L'élément feu du chakra du plexus solaire (manipura) se joint à l'air. L'élément air du chakra du cœur (anahata) se joint à l'éther. L'éther du chakra de la gorge (vishuddha) se joint au mental au chakra du troisième œil (ajna). Finalement, le mental se joint à la conscience absolue du chakra couronne (sahasrara).

C'est l'inverse du processus par lequel s'est formée la Terre. Avant que notre planète devienne solide, elle était liquide, du magma en fusion. Avant d'être liquide, elle était "feu", comme le soleil, et avant ce feu il n'y avait qu'une masse de gaz tourbillonnants (air). Avant leur apparition, ces gaz existaient en tant qu'espace primordial – émergeant du Mental suprême – né de la pure conscience.

Représentation hindoue ancienne du système des chakras, incluant quelques chakras secondaires.

Méditation sur la relation entre les éléments

Vous n'avez pas à effectuer l'ensemble de ce processus dès la première fois. Cet exercice peut prendre une ou plusieurs semaines, voire quelques mois. Asseyez-vous pendant au minimum 20 à 30 minutes par jour. Grâce à une pratique répétée, vous commencerez à faire l'expérience de l'interconnexion de toute vie. L'énergie de vos chakras deviendra plus équilibrée et mieux capable de travailler en harmonie. Asseyez-vous dans une position confortable de méditation, dos droit, yeux fermés. Respirez doucement par les narines. Répétez-vous mentalement :

1 "Je ne suis pas la matière solide du chakra racine (muladhara) ; la matière solide ne définit pas qui je suis essentiellement. La terre se dissout dans l'eau à mesure que mon énergie s'élève vers mon chakra sacré (swadhisthana)." Maintenez quelque temps cette pensée avant de passer à la suivante.

2 "Je ne suis pas non plus de la matière liquide ; l'eau ne définit pas mon être essentiel. L'eau s'évapore dans le feu à mesure que mon énergie monte vers mon chakra du plexus solaire (manipura)." Maintenez quelque temps cette pensée avant de passer à la suivante.

3 "Je ne suis pas l'élément feu. Bien que j'aie besoin de chaleur et de rayonnement dans ma vie, l'élément feu ne me définit pas. Le feu fusionne avec l'air à mesure que mon prana monte vers mon chakra du cœur (anahata)." Maintenez quelque temps cette pensée avant de passer à la suivante.

4 "Je ne suis pas cette matière gazeuse ; l'élément air de mon chakra du cœur (anahata) ne décrit pas pleinement qui je suis. L'air se disperse dans l'espace à mon chakra de la gorge (vishuddha)." Maintenez quelque temps cette pensée avant de passer à la suivante.

5 "Je ne suis pas l'élément éther. L'éther est une production du mental. Je vois l'espace réabsorbé dans mon mental." Maintenez quelque temps cette pensée avant de passer à la suivante.

⟨6⟩ "Au lieu de m'identifier avec la conscience limitée de mon mental individuel, je m'efforce de m'identifier au cosmos même. Je vois mon mental né de la conscience universelle réabsorbé dans celle-ci au chakra couronne (sahasrara)."

Pour percevoir la relation entre les chakras, tenez une main devant un chakra, une main près d'un autre. Fermez les yeux et sentez votre respiration circulant entre les deux, comme lors de l'exercice connectant l'anahata et le swadhisthana chakras (voir page 239).

ॐ

CHAPITRE DOUZE

Protection durant le travail énergétique

"En dirigeant toute votre attention sur la lumière intérieure, vous pouvez voir ce qui est subtil, cache à la vue ou est très lointain."

Patanjali, *Yoga Sutra*, 3.25

Utilité de la protection

Si vous êtes une personne d'habitude physiquement ouverte, vous percevez probablement le monde comme un lieu très bruyant, souvent désorientant. Pour focaliser vos énergies, il est important que vous cultiviez la capacité de choisir les moments d'ouverture des chakras – et de décider quand vous avez besoin d'une protection énergétique.

Si vos chakras sont constamment ouverts, vous êtes excessivement sensible, votre énergie est drainée en permanence, vous laissant dans un état d'épuisement perpétuel. Lorsque vous êtes dans un endroit sûr, quand vous vous détendez avec des amis ou en famille, quand vous vous préparez à méditer, il est bon de laisser vos chakras ouverts et de permettre à votre aura de s'élargir. Toutefois, si vous êtes dans des endroits bondés ou chargés de négativité, vous aurez certes envie de serrer étroitement votre aura autour de vous.

La clôture des chakras est tout à fait différente du blocage de la circulation de leur énergie. Chaque chakra est une masse d'énergie entraînant un mouvement constant du prana. Comme nous l'avons vu, tout blocage risque de causer de graves problèmes émotionnels, psychologiques et énergétiques.

La protection énergétique est assez similaire à la fermeture des fenêtres par temps froid. Vous pouvez encore voir le soleil briller et en profiter, mais vous êtes à l'abri du froid et du bruit ; vous ne perdez pas de chaleur (énergie) et vous pouvez encore ouvrir la porte aux autres si vous en avez envie. Fermer vos chakras, c'est comme les abriter de l'épuisement énergétique inutile et des idées négatives.

Étapes préliminaires

Les conseils de base pour préserver votre énergie subtile et vous protéger sont très simples. Vous devez mener une vie saine, vous reposer assez, manger équilibré. Consommer uniquement des aliments crus ou du riz complet finira par déséquilibrer vos énergies et affaiblir votre détermination. Faites régulièrement de l'exercice, mais sans exagérer. Si la compagnie de certains vous épuise, mieux vaut éviter les "vampires psychiques", ce qui sera impossible si vous travaillez dans un magasin ou un bureau où vous devez parler aux gens. Apprenez à vous protéger.

Le monde peut être un endroit bruyant et désorientant si vous ne savez pas comment vous protéger énergétiquement.

Techniques de protection

La protection est un élément important du travail avec les chakras. Lors de chaque interaction avec autrui, un échange d'énergie prend place et il est donc important de ne pas laisser les énergies négatives des autres envahir votre espace personnel. Il y a beaucoup de techniques que vous pouvez utiliser pour protéger vos chakras et votre aura – énergie bio-magnétique entourant tout être vivant et s'étendant jusqu'à 1 m du corps physique. Voici quelques exemples :

- Tous les matins, avant de sortir, imaginez une boule ovoïde protégeant votre corps physique.
- Pensez à une belle boule de lumière dorée vous entourant. Cette lumière vous aidera à sceller votre aura.
- Imaginez que vous portez une armure de lumière dorée.
- Si quelqu'un semble particulièrement insistant ou épuise votre énergie, croisez les bras devant votre plexus solaire.
- Dans une foule, placez le bout de la langue à plat contre le palais. Beaucoup de praticiens des arts martiaux utilisent cette technique comme protection énergétique contre leurs opposants. Les masseurs s'en servent pour ne pas absorber les énergies négatives de leurs patients et empêcher l'épuisement de leurs propres énergies.

VÊTEMENTS APPROPRIÉS

Portez des vêtements larges, confortables, de préférence en fibres naturelles. Les jeans ne conviennent pas (même larges), car le tissu épais bloque la circulation du prana. Un châle de méditation contiendra votre énergie et vous isolera des influences extérieures.

Utiliser le son pour sceller chaque chakra

1. Asseyez-vous confortablement, dos droit. Effectuez l'exercice d'ancrage de la page 266 et enfoncez profondément vos "racines" dans la terre.

2. Portez une main, paume tournée vers votre corps, à environ 5 cm devant votre abdomen, juste au-dessous de votre nombril. Prenez une respiration profonde et, en expirant, entonnez "mmm", lèvres gentiment serrées. Sentez le son résonner dans votre swadhisthana chakra et sceller son énergie.

3. Placez la main devant votre plexus solaire et entonnez "mmm"; sentez le son résonner dans votre manipura chakra.

4. Glissez la main plus haut, de sorte que sa paume arrive devant votre chakra du cœur. Respirez profondément et entonnez "mmm"; sentez le son résonner dans votre anahata chakra.

5. Amenez la main devant votre gorge. Entonnez "mmm" en expirant et sentez la vibration du son dans votre vishuddha chakra.

6. Portez la main devant votre front et entonnez "mmm"; sentez le son résonner dans vos sinus et dans votre ajna chakra.

7. Levez la main au-dessus de votre tête, paume tournée vers le bas, sans la toucher. Entonnez "mmm"; sentez le son résonner dans votre chakra couronne.

Vous pouvez entourer votre tête et le haut de votre corps d'un châle ou d'une couverture de lumière pour vous protéger et vous isoler durant la méditation.

Ouvrir et fermer les chakras

Allez au grand air, de préférence près de la mer ou d'un plan d'eau, et ouvrez vos chakras, comme si vous étiez avec ceux que vous aimez ou qui vous sont proches. Les chakras s'ouvrent aussi durant une pratique yoga prolongée, la guérison et la méditation.

Bien qu'il soit important d'être ouvert et affectueux avec vos amis et votre famille, il n'est pas bon d'être toujours énergétiquement ouvert, car dans ce cas vous deviendrez un récepteur de tout type d'énergie, y compris de la négativité. Cela risque d'arriver à chaque fois que vous êtes dans un lieu public, et surtout si vous vous sentez "planer".

Pratiquez l'exercice suivant pour maîtriser la capacité d'ouvrir et de fermer à volonté vos chakras.

Dilater et contracter vos chakras

Mieux vaut effectuer cet exercice dans un endroit paisible où vous ne serez pas dérangé. Asseyez-vous dans une position confortable de méditation et gardez les yeux fermés tout au long de cet exercice. Si vous avez du mal à percevoir les emplacements des chakras, commencez par l'exercice des pages 68 et 69. Quand vous êtes familiarisé avec chacun des chakras, portez votre conscience dans l'espace au-dessus de votre tête.

1 Prenez quelques respirations profondes et laissez votre souffle trouver son rythme naturel. Imaginez un lotus ou une rose (ou toute autre fleur) en bouton. Observez attentivement votre fleur en train de s'ouvrir lentement. Notez la manière dont chaque pétale se déroule en spirale. Émerveillez-vous face à sa beauté, sa fragrance et sa couleur. Étudiez la disposition de ses pétales, leur spirale partant du centre de la fleur.

2. Amenez ensuite votre conscience au centre de votre front. Visualisez votre fleur en bouton et regardez-la s'ouvrir.

3. Répétez ce processus au niveau de votre gorge, puis de votre cœur. À mesure que la fleur s'ouvre, sentez votre cœur s'ouvrir avec elle. La chaleur curative rayonnant de votre chakra du cœur génère un sentiment de bien-être général dans toutes les parties de votre corps.

4. Continuez à descendre sur votre corps, en scannant les chakras et en les visualisant tour à tour s'ouvrir ainsi.

5. Lorsque vous désirez ouvrir un chakra, visualisez-le comme une fleur ouvrant lentement ses pétales sous le soleil du matin. Quand vous désirez clore vos chakras, montez en partant du plus bas. Imaginez chaque chakra se fermant dans un bouton serré, comme une fleur au crépuscule. Grâce à une pratique régulière, vous finirez par devenir capable d'ouvrir et de fermer à volonté vos chakras.

Avant de pratiquer le yoga, la méditation ou le travail spirituel, visualisez vos chakras comme des fleurs s'ouvrant au soleil.

Variante utilisant la respiration : Inspirez en ouvrant chaque chakra. Expirez vivement en le fermant. Le *Siva-Svarodaya*, texte sanskrit ancien, conseille d'inspirer profondément en vous dirigeant vers des amis et vers ceux que vous aimez et voulez aider, ce qui ouvrira vos chakras. Il suggère ensuite d'expirer profondément en allant vers des personnes que vous préféreriez éviter, vous protégeant ainsi en fermant vos chakras.

Fermez vos chakras à la fin de la méditation

Que vous soyez maître ou disciple, thérapeute ou patient, il est conseillé de fermer consciemment vos chakras à la fin de chaque méditation, séance de yoga ou de guérison.

1. Commencez par prendre deux ou trois respirations très profondes, puis ouvrez les yeux et regardez autour de vous. Ne vous levez pas trop vite. Devenez progressivement conscient de votre corps physique ; soyez attentif à la pièce dans laquelle vous vous trouvez. Cette simple action rapprochera un peu plus votre aura et commencera à désensibiliser vos chakras.

2. Concentrez-vous tour à tour sur chaque chakra, en partant du sahasrara. Visualisez-le devenir de plus en plus petit et se fermer.

3. Descendez ensuite sur votre corps en le scannant, et répétez avec chacun des chakras. Avec de la pratique, ce processus ne prendra pas plus de deux minutes. Soyez particulièrement conscient de votre manipura chakra ; accentuez sa fermeture en expirant vivement et en tirant votre diaphragme vers le haut – le verrou yogique, uddiyana bandha. Il est particulièrement important de protéger votre plexus solaire, la principale voie des échanges énergétiques informels avec les autres. Fermez ensuite le swadhisthana chakra. Vous pouvez choisir de laisser le muladhara chakra ouvert afin de rester aussi ancré que possible.

Lorsque vous avez fini la pratique, visualisez vos chakras en tant que fleurs se fermant le soir.

Ancrage

L'ancrage se rapporte à l'énergie du chakra racine (muladhara) et à votre capacité à habiter pleinement votre corps physique. Cette capacité à vivre consciemment sur cette terre et en puiser votre subsistance est essentielle pour votre santé générale, ainsi que pour votre bien-être émotionnel et mental. Ancrez-vous avant tout genre de travail avec les chakras.

Vivre dans un état non ancré signifie que, pour une raison ou une autre, vous vous êtes engourdi face aux sensations émotionnelles et physiques. Bien que cela vous permette de ressentir moins la douleur, cela signale aussi que vous pensez moins clairement, avez du mal à vous lier au monde "réel" et à prendre des décisions. Au plus extrême, vous perdez le contact avec la réalité, oubliez de manger, êtes moins ponctuel, devenez hypersensible, n'écoutez pas ce qu'on vous dit, avez du mal à lire et à suivre des instructions. Pour l'ayurvéda, cet état est un excès de "vata", vent.

Si vous avez passé une partie de votre vie sans être ancré, l'ancrage vous fera vous sentir d'abord un peu lourd. Toutefois, il vaut la peine de persévérer. Quand votre corps est correctement ancré, vous risquez moins d'absorber l'énergie négative, vous vous sentez moins fatigué et vous pouvez vivre pleinement focalisé.

Effectuez deux fois par jour la visualisation d'ancrage de la page 266 le matin avant de sortir de la maison et le soir avant de vous mettre au lit. Trouvez une position ancrée confortable avant de commencer.

Ancrez-vous avant la méditation

Asseyez-vous dans une position confortable de méditation, stable et équilibrée, genoux légèrement plus bas que le bassin. Ne vous allongez pas.

- **La posture en tailleur** est la meilleure position pour empêcher la fuite de votre énergie. Elle facilite la concentration intérieure et contient physiquement votre énergie, car vos jambes forment une sorte de symbole de l'infini. Si vous avez du mal à abaisser les genoux, essayez d'élever vos fesses en vous asseyant sur un coussin, mais pas trop haut, pour éviter que votre dos s'arque. Essayez de placer les genoux sur le sol ou les soutenir sur des coussins ou couvertures roulées.

• **La posture à genoux (vajrasana)** est habituellement utilisée pour la méditation zen. Vous asseoir sur vos talons peut être difficile ; placez un coussin ou un bloc en mousse entre vos fesses et vos talons. Dans cette position, la face antérieure des mollets et les pieds sont en contact avec le sol. Assurez-vous que vos fesses reposent fermement sur les talons ou sur un coussin.

• **Assis sur une chaise.** Préférez une chaise au dossier droit et au siège ferme ; gardez votre corps parallèle à son dossier, sans vous appuyer dessus, pieds à plat sur le plancher. Ne croisez pas les chevilles. Si vos genoux ne sont pas légèrement plus bas que votre bassin, placez un coussin ou un bloc de yoga sous vos fesses. Si vos pieds n'atteignent pas le plancher, posez-les fermement sur un coussin ou un bloc.

Asseyez-vous bien droit, mais détendu. La posture affecte

Soutenez vos genoux et hanches pour rester assis confortablement durant la méditation.

fortement l'état de votre mental. Si vous vous affalez en avant, vous avez tendance à vous assoupir. Si vous vous asseyez trop droit et trop rigide, vous générez une tension dans votre corps.

Il est important de garder le dos droit pour que l'énergie puisse monter par la colonne vertébrale et que la respiration soit profonde. Lorsque votre dos est fléchi, les mouvements du diaphragme et de la cage thoracique sont entravés, rendant la respiration difficile. Si vous ne pouvez pas respirer profondément, vous aurez tendance à vous assoupir ou à vous sentir un peu anxieux, ce qui est contre-productif quand vous tentez de vous ancrer.

Si vous le voulez, imaginez un fil tirant votre tête vers le haut et un fil attaché au haut du sternum, qui garde votre poitrine à la verticale. Placez vos mains dans l'une des mudras d'ancrage. Les mudras scellent le prana dans les canaux subtils et envoient aussi un signal à votre mental, ce qui aide à ancrer votre corps.

La jnana mudra convient lors de la méditation et de la visualisation. Joignez le bout du pouce et de l'index de chaque main. Posez l'intérieur de chaque poignet sur la cuisse ou le genou correspondant, doigts pointant vers le bas. La prithivi mudra (mudra de la terre) peut aussi s'avérer utile ; elle est formée en joignant le bout de l'annulaire et du pouce, les autres doigts détendus. L'intérieur des poignets est placé sur la cuisse ou le genou correspondant, doigts pointant vers le bas.

Visualisation de l'ancrage

1. Pensez aux qualités de la terre. Sentez que vous vous ancrez fermement, y puisant de la stabilité et de la force. Faites particulièrement attention à la traction de la gravité et à ses effets sur votre corps.

2. Soyez conscient des parties de votre corps en contact avec le sol (ou votre chaise). Sentez-les se pousser des racines. Voyez ces racines s'enfoncer dans la terre.

③ Après un moment, vous commencez à ressentir une lourdeur agréable, qui devient un sentiment de stabilité et de calme.

Variante : Vous pouvez aussi choisir d'effectuer cette visualisation d'ancrage debout, comme dans l'exercice de la page 88, "Se tenir sur la terre pleinement conscient".

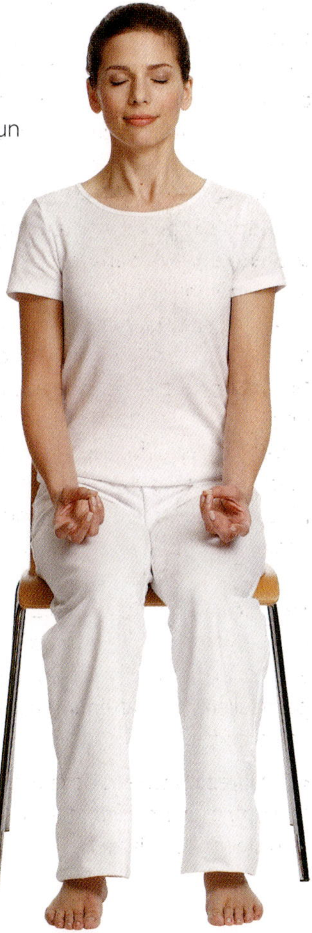

Régime alimentaire

Si vous tendez à vous sentir étourdi, il est spécialement important de suivre un régime qui vous aidera à vous ancrer. L'ayurvéda conseille aux personnes au vata (air) déséquilibré d'éviter les aliments crus et de préférer les plats cuisinés, nourrissants, surtout les racines comestibles et les hydrates de carbone complexes. Les racines stabilisent la plante et absorbent la nourriture – et feront pareil pour vous.

La nourriture est la meilleure manière de créer un ancrage à court terme. En quantité modérée, les aliments lourds peuvent être très efficaces. Un ancrage juste est meilleur s'il est le résultat de votre maîtrise de l'énergie.

Si vous préférez vous asseoir sur une chaise pour la méditation, assurez-vous que vos pieds sont fermement posés sur le sol.

Purification

Si vous vivez en ville, travaillez avec d'autres personnes, allez au restaurant, utilisez les transports en commun ou interagissez avec les gens, il est presque impossible de ne pas absorber une certaine négativité, du moins à l'occasion. Il est donc utile de purifier l'énergie des chakras et de laisser aller les émotions et les pensées négatives.

La technique la plus habituelle de purification, que vous utilisez déjà sans doute, est de vous laver les mains et de vous doucher fréquemment. À chaque fois que vous rentrez, lavez-vous les mains, puis secouez-les vigoureusement de 10 à 20 secondes, mais pas dans la direction d'une autre personne. Parmi les autres techniques :

- Retirez bijoux et montre. Tendez les bras devant vous. Frottez rapidement et vivement chaque bras, depuis l'épaule vers l'extérieur en descendant jusqu'à la main – sur une face, puis sur l'autre. Répétez de cinq à six fois sur chaque côté. Cet exercice simple, purification rapide de votre aura, permet d'écarter l'énergie négative récente éventuellement absorbée par inadvertance.
- Si vous êtes dans un endroit disposant d'eau courante, laissez-la couler pendant 30 secondes sur chaque avant-bras, en partant de l'intérieur du coude jusqu'à la main.
- Remplissez une bassine ou un grand bol d'eau froide. Attachez-vous les cheveux, s'ils sont longs. Placez votre front et l'avant de votre tête dans l'eau pendant environ une minute (gardez les yeux fermés si vous le voulez, mais ce n'est pas obligatoire). Séchez-vous bien les cheveux ensuite. Cela purifie vos ajna et sahasrara chakras et stimule de plus une réaction de purification dans l'ensemble de vos chakras.
- Beaucoup préfèrent utiliser une technique visualisant la lumière

traversant leurs chakras pour les purifier, les charger en énergie et les équilibrer. Afin de travailler avec la lumière, asseyez-vous dans une position confortable de méditation, dos bien droit. Ancrez-vous avant de commencer (voir pages 264 à 247). Prenez quelques respirations profondes et lentes depuis le bas de l'abdomen. Relaxez-vous doucement en imaginant une belle lumière blanche ou dorée au-dessus de votre tête. Percevez-la pénétrant dans votre chakra couronne (sahasrara) ; notez si vous ressentez ou non une quelconque sensation physique. Faites descendre lentement la lumière, chakra par chakra, jusqu'à arriver au chakra racine.

- Avant une séance de méditation, vous pouvez vous concentrer séparément sur la purification de chaque chakra. Par exemple, si vous percevez une quelconque impureté dans un chakra, vous pouvez le purifier en le visualisant traversé par la lumière.
- Une autre technique est similaire à l'exercice d'ancrage de la page 266. En visualisant les racines s'enfonçant dans la terre, rappelez-vous que les racines aspirent aussi des nutriments et purifient votre énergie, en plus de vous ancrer.
- Vous pouvez vous servir

Un frottement vif descendant sur chaque bras élimine rapidement les énergies indésirables.

de la lumière d'un feu pour la purification. En Inde, on agite des lumières et on entonne des mantras à la fin de chaque séance de méditation, puis chaque méditant prend symboliquement la lumière dans ses mains en coupe et la ramène sur son corps. Vous pouvez le faire avec une bougie : placez vos mains de part et d'autre des flammes et tirez doucement la lumière vers vous.

- Imaginez un vortex de lumière blanche tourbillonnant à travers chaque chakra, se chargeant des débris et les emportant.
- Prenez un bain au sel ou utilisez la fumée de plantes comme la sauge pour purifier l'ensemble de votre aura.

Brûler de la sauge purifie l'environnement.

CHAKRA	COMMENT LE PURIFIER
Sahasrara	Soleil ; méditation ; communion avec le Divin
Ajna	Purifiez le mental par des pensées divines et des prières. Visionnez moins de programmes télé violents.
Vishuddha	N'utilisez plus un langage vil. Purifiez-vous en répétant des mantras. Dites toujours la vérité – vos mots, pensées et actions doivent être authentiques. Relâchez les blocages de votre énergie créative. Rendez grâce avant de manger ; exprimez de la gratitude pour les bénédictions reçues dans votre vie.
Anahata	Respiration profonde (l'élément air). Pardonnez à ceux qui vous ont fait du mal, pardonnez-vous pour vos erreurs, sans les oublier ; apprenez de vos erreurs et avancez. Si vous ressentez un profond chagrin, ne vous y accrochez pas. Si votre peine est récente, faites votre deuil.
Manipura	Purifiez-vous physiquement par des exercices, comme le yoga, ou des activités plus vives, comme la course et la danse. Partagez la nourriture avec vos amis. Purifiez l'image de vous-même en laissant aller les pensées nuisibles, ainsi que la colère.
Swadhisthana	Utilisez l'élément eau : jeûnez avec de l'eau, allez au sauna, pratiquez l'hydrothérapie (bains chauds avec des sels minéraux). Laissez aller la culpabilité et la honte.
Muladhara	Utilisez la nourriture, manifestation de la terre, pour favoriser élimination et la détox. Mangez légèrement, préférez les aliments qui ancrent vos énergies, les fibres et les aliments purifiants. Mangez quand vous avez faim, pas par besoin émotionnel. Relâchez la peur. Laissez aller les habitudes et les modèles comportementaux négatifs hérités.

Addictions, obsessions et substances dangereuses

Les addictions suppriment la croissance spirituelle en épuisant ou en bloquant la circulation du prana. Elles voilent les sentiments en émoussant le mental et en le rendant lourd et léthargique, le remplissant d'inertie et d'abattement, faisant souvent paraître les choses différentes de ce qu'elles sont en réalité.

Les obsessions tendent à inciter le mental à regarder ailleurs, y suscitant de fausses envies et de l'impatience. À cause de cette nervosité mentale, on éprouve des désirs déraisonnables, de la colère, de l'envie, de la cupidité et de la jalousie.

Chaque addiction ou obsession supprime une quelconque forme d'énergie émotionnelle. Le premier pas pour éliminer les addictions et les obsessions est d'abandonner le besoin de supprimer cette émotion particulière. Travailler avec l'énergie de vos chakras vous permet de trouver des manières saines d'avoir une surface émotionnelle négative, afin de pouvoir la reconnaître et l'écarter.

Toutes les addictions laissent des cicatrices dans votre psyché. Elles introduisent des toxines dans vos corps physique et astral. Certaines élèvent votre conscience, mais cet état est temporaire, incontrôlé, complètement non protégé et souvent déformé. L'alcool peut présenter un danger si vous buvez peu avant de travailler avec vos chakras, car il ouvre trop les chakras et accroît l'absorption des vibrations négatives. Les tranquillisants et les médicaments antipsychotiques rendent aussi difficile la connexion avec l'énergie de vos chakras supérieurs ; l'héroïne et d'autres drogues dures sont totalement incompatibles avec le travail avec les chakras. Même la marijuana, censée ne pas avoir des effets physiques négatifs, engourdit la circulation du prana et affaiblit les nadis.

CHAKRA	ADDICTION HABITUELLE	CACHÉ PAR L'ADDICTION
Sahasrara	Sectes, religions fondamentalistes	Manque d'expérience mystique authentique
Ajna	Hallucinogènes	Manque de vision authentique
	Marijuana	Chagrin. Peu de communication entre l'ajna et les autres chakras, si bien que les "grandes idées" ne sont pas mises en pratique.
	Caféine	Fatigue mentale
Vishuddha	Opiacés, marijuana	Incapacité à communiquer
Anahata	Sucre blanc	Absence d'amour
	Caféine	Manque d'empathie
	Chocolat	Solitude, envie d'amour
Manipura	Nicotine	Colère
	Caféine	Incapacité à se connecter
	Boulimie	Sensibilité excessive
	Amphétamines, cocaïne, stimulants	Manque d'énergie
	Antidépresseurs	Énergie excessive, incontrôlée
Swadhisthana	Sexe, héroïne, excitation, danger	Sentiment de blocage dans la vie
	Achats	Vide intérieur
	Alcool	Diminution des inhibitions
Muladhara	Jeu, achats, travail	Sentiments d'insécurité
	Boulimie	Manque d'ancrage
	Alcool	Peur

Méditation Samanu pour se purifier et s'ancrer

Asseyez-vous dans une position confortable de méditation, en tailleur. Joignez le bout du pouce et de l'index gauches. Posez l'intérieur du poignet gauche sur votre genou gauche, doigts pointant vers le bas. Cette position de la main, la jnana mudra, aide à stabiliser le mental et à ancrer l'énergie.

Levez la main droite et pliez l'index et le médius sur la paume, dans la vishnu mudra. Durant cet exercice, vous utilisez le pouce droit pour fermer votre narine droite, l'annulaire et l'auriculaire, pour fermer votre narine gauche.

I Purification de l'air

(1) Fermez votre narine droite du pouce droit. Inspirez par la narine gauche, en répétant mentalement le mantra de l'air "YAM". Inspirez jusqu'à ce que vos poumons soient confortablement remplis. Concentrez-vous sur votre chakra du cœur, le centre énergétique de l'élément air. Visualisez l'air/vent traversant vos nadis, emportant les impuretés.

(2) À la fin de l'inspiration, pincez doucement vos narines pour les fermer. Retenez votre respiration en répétant mentalement le mantra "YAM". Restez concentré sur la région du cœur.

(3) Levez le pouce de la narine droite. Expirez très

Cet exercice utilise la respiration et les mantras pour purifier vos corps physique et astral.

lentement par la narine droite, en répétant le mantra "YAM". Votre attention reste sur le chakra du cœur.

2 Purification du feu

① Inspirez par votre narine droite, en répétant "RAM", le mantra du feu, et en vous concentrant sur la région du plexus solaire. Visualisez le feu brûler toutes les impuretés psychiques, émotionnelles et mentales.

② Fermez vos narines et retenez votre souffle en répétant mentalement le mantra "RAM".

③ Relâchez votre narine gauche. Expirez lentement par la narine gauche en répétant mentalement "RAM". Votre attention reste sur la région de votre manipura.

3 Le nectar divin balaye le reste des impuretés

① Inspirez par votre narine gauche, en répétant "TAM", mantra de la lune. Fixez votre attention sur le chakra secondaire situé sur l'extrémité intérieure de votre sourcil gauche.

② Fermez les narines et retenez votre respiration en répétant "TAM" et en imaginant que le nectar divin du centre de la lune circule à travers tous vos nadis pour les purifier et les apaiser.

4 Ancrer votre énergie

① Levez le pouce de votre narine droite et expirez lentement. Ramenez votre attention à la base de la colonne vertébrale ; répétez mentalement "LAM", le mantra de l'élément terre.

② Relâchez vos narines. Abaissez la main droite, formant la jnana mudra, sur votre genou droit. Les deux mains sont maintenant dans la même position, doigts pointant vers le bas. Restez assis en silence au minimum 10 minutes, toute votre attention sur le muladhara chakra. En continuant à répéter mentalement le mantra "LAM", sentez-vous en sécurité, pleinement présent et conscient de votre connexion avec la terre.

Lectures conseillées

Johari, Harish, *Chakras : centres énergétiques de transformation*, Paris, Éd. Médicis, 2007

Horsley, Mary, *Chakras, exercices pratiques*, Éd. Véga, Paris, 2007

Leadbeater, C.W., *Les chakras, centres de force dans l'homme*, Paris, Éd. Adyar, 1984

Saradananda, Swami, *L'art de la respiration : apprendre à bien respirer*, Paris, Courrier du Livre, 2010

Satyananda Saraswati, Swami, *Kundalini Tantra*, Paris, Swami éd., 2007

Wauters, Amblika, *Chakras et archétypes*, Éd. Trédaniel, Paris, 2002

Wills, Pauline, *À la découverte des chakras*, Éd. Trédaniel, Paris, 2003

Woodroffe, Sir John (Arthur Avalon), *La Puissance du serpent*, Dervy, Paris, 2006

Glossaire

A

Agni : (1) feu ; élément du manipura chakra ; (2) dieu védique du feu (deva), gardien du manipura chakra

Airavata : éléphant mythologique à sept trompes ; monture d'Indra, le roi des devas (dieu védique)

Ajna chakra : sixième à partir du chakra le plus bas ; situé entre les sourcils ; le "troisième œil"

Akasha : espace ; éther. L'élément du vishuddha chakra (gorge).

Anahata : (1) chakra du cœur ; (2) son mystique, inaudible

Ananda : félicité, joie, bonheur infini

Apana : aspect descendant du prana qui permet de laisser aller ce dont on n'a plus besoin ou envie

Ardhineshwara : hermaphrodite divin ; Shiva et Shakti ensemble dans le même corps

Asana : posture de yoga, position pour la méditation et/ou le contrôle du corps

Ashram : lieu de retraite spirituelle où on pratique le yoga

Ayurveda : médecine traditionnelle de l'Inde

B

Bandha : verrous musculaires utilisés par les yogis lors de certains exercices de respiration

Bhagavad Gita : textes sacrés hindous traitant des divers aspects du yoga

Bhakti : dévotion

Bija : germe ; source

Bija mantra : mantra germe d'une syllabe

Bindu : énergie concentrée ; point focal intérieur d'un yantra

Brahma granthi : premier nœud psychique, le plus bas, situé au muladhara chakra

C

Chakra : centre énergétique psychique, situé le long du méridien central dans le corps astral

D

Dakini : énergie féminine qui gouverne le muladhara chakra

Darshan : intuition ; manière de voir ; vision

Deva : dieu ou ange ; être céleste

Devi : divinité sous son aspect féminin ; la Déesse Mère divine

Dharma : comportement juste

G

Ganesha : dieu à tête d'éléphant qui écarte les obstacles ; le gardien masculin du muladhara chakra

Granthi : "nœud" énergétique qui agit comme mécanisme protecteur contre l'excès d'énergie kundalini

Guna : qualité ou attribut ; les trois qualités de la nature : sattva, rajas et tamas

Gourou : maître spirituel ; celui qui écarte les ténèbres

H

Hanuman : dieu singe symbolisant le prana

Hara : région du manipura chakra tenue pour le centre de contrôle et de force par la tradition taoïste

Hatha yoga : branche du yoga utilisant les exercices physiques et de respiration pour travailler avec le prana

Hatha Yoga Pradipika : Traité de hatha yoga du XVIe siècle

I

Ida : l'un des méridiens principaux (nadi) ; situé à gauche de la colonne vertébrale

Indra : roi des devas (dieu védique), qui monte Airavata et est le gardien du vishuddha chakra (gorge)

J

Japa : répétition d'un mantra

K

Kakini : énergie féminine qui gouverne l'anahata chakra (cœur)

Karma : action ; loi de l'action et de la réaction, ou de la cause et de l'effet

Karma yoga : service altruiste

Kosha : enveloppe ; strate

Kriya : purifiant yoga ou exercice de purification

Kundalini : énergie psychique potentielle ; énergie cosmique primordiale ; de *kundala*, "lové"

L

Lakini : énergie féminine qui gouverne le manipura chakra

Lingam : symbole de Shiva ; forme représentant l'Absolu sans forme

M

Makara : crocodile mythologique à queue de poisson ; véhicule de Ganga (le fleuve Gange)

Mandala : dessin circulaire stylisé représentant l'univers ; outil visuel pour la méditation

Manipura chakra : troisième depuis le chakra le plus bas ; situé dans la région du plexus solaire

Mantra : syllabe, mot ou série de mots sacrés utilisés pour la méditation

Maya : illusion cosmique

Moksha : libération des attaches du karma, de la roue de naissance et de mort

Mouna : le silence en tant que pratique spirituelle ; garder délibérément le silence pour observer et apaiser le mental

Mudra : (1) exercice du hatha yoga "scellant" le prana ; (2) geste de la main

Muladhara chakra : le plus bas centre d'énergie psychique, situé à la base du corps

N

Nadi : nerf astral, voie psychique ; équivalent aux méridiens d'acupuncture

Namaskar : geste indien de bienvenue qui porte les mains jointes devant le cœur : "mon âme rencontre ton âme"

P

Pingala : l'un des méridiens principaux (nadi) ; situé à droite de la colonne vertébrale

Prana : (1) énergie vitale ; chi ; ki ; (2) aspect de la force de vie qui permet d'absorber des choses

Pranayama : exercices de respiration du yoga ; contrôle du prana

R

Rajas : l'une des trois qualités essentielles de la nature : activité, passion, impatience

Rakini : énergie féminine qui gouverne le swadhisthana chakra

Rudra granthi : nœud psychique le plus haut de sushumna, situé à l'ajna chakra

S

Sadhana : pratique spirituelle

Sahasrara chakra : Lotus à mille pétales ; chakra le plus haut

Samadhi : état de supraconscience

Samana : aspect du prana qui permet de traiter (digérer) ce qu'on absorbe (aliments, air, idées)

Samsara : roue éternelle de la naissance et de la mort

***Sat-Cakra-Nirupana* :** texte tantrique ancien, traduit et commenté par sir John Woodroffe dans *La Puissance du serpent*

Satsang : association avec des êtres spirituels ; la compagnie de sages

Sattva : l'une des trois qualités essentielles de la nature : pureté et lumière

Shakini : énergie féminine qui gouverne le vishuddha chakra (gorge)

Shakti : principe féminin créatif, actif, de l'univers

Shanti : paix

Shiva : pure conscience ; principe masculin passif ; témoin éternel

***Shiva Samhita* :** texte ancien traitant du hatha yoga

Sushumna : l'un des méridiens principaux (nadi) ; situé au centre du corps, suivant à peu près la colonne vertébrale

Swadhisthana chakra : second à partir du chakra le plus bas ; situé dans la région sacrée du bas du dos

T

Tamas : l'une des trois qualités (guna) essentielles de la nature : obscurité, inertie et engouement

Tamasique : impur ; pourri (référence à la nourriture) ; paresse ; terne

Tantrisme : pratique yoga mettant l'accent sur la répétition des mantras et d'autres méditations ésotériques

U

Udana : aspect du prana qui dirige les aspirations vers le haut et aide la production de la voix

V

Varuna : dieu védique de l'eau ; gardien masculin du swadhisthana chakra

Vata : constitution corporelle ayurvédique symbolisée par l'élément vent

Vayu : vent, air ; élément de l'anahata chakra (cœur)

Vishnu granthi : second nœud de sushumna, situé à l'anahata chakra

Visuddha chakra : cinquième à partir du chakra le plus bas ; situé à la gorge

Vyana : aspect du prana qui fait circuler l'énergie

Y

Yakini : énergie féminine qui gouverne le sahasrara chakra

Yantra : diagramme stylisé utilisé comme outil de méditation

***Yoga Sutra* :** texte ancien traitant du yoga, compilé par le sage Patanjali

Index